LOCKVOGEL

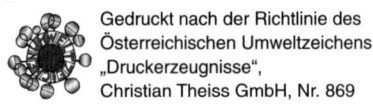
Gedruckt nach der Richtlinie des
Österreichischen Umweltzeichens
„Druckerzeugnisse",
Christian Theiss GmbH, Nr. 869

MIX
Papier aus verantwor-
tungsvollen Quellen
FSC® C012536
FSC
www.fsc.org

Therese Kersten:
Lockvogel

Cover: JaeHee Lee
Gestaltung: Lucas Reisigl

Gesetzt in der Premiera
Gedruckt in Deutschland

1 2 3 4 5 — 21 20 19 18

ISBN 978-3-99001-236-9

THERESE KERSTEN

LOCK VOGEL

Mein Leben als Treuetesterin

Aufgezeichnet von
Thomas Schrems

edition a

INHALT

DOPPELT GEMOPPELT

Wer sich selbst treu bleiben will, kann nicht immer anderen treu bleiben.

Seltsam, dass dieser Satz Julia immer dann einholte, wenn er ihr so gar nicht gelegen kam. Nicht, weil er sie prinzipiell zu erschüttern verstünde. Nicht, weil er sie auf eigene Umtriebe zurückwürfe. Hier. Heute Abend. Andererseits wieder doch. Gerade hier. Gerade heute Abend. Wie auch immer. Jedenfalls schaffte dieser Satz eines: Er führte ihr vor Augen, wie endlos nah Süße und Bitterkeit beisammen lagen, diese vorherrschenden Geschmacksrichtungen auf der Zunge, die sich Leben nannte. War es nun die eigene oder die anderer Leute.

Wer sich selbst treu bleiben will, kann nicht immer anderen treu bleiben.

Längst hatte Julia vergessen, wo sie den Satz gelesen hatte, und auch, wem er zugeschrieben wurde (war es einer der großen deutschen Dichter? Goethe? Schiller? So lange lag die Schulzeit ja noch nicht zurück. Die paar Jahre. Nein. Keiner von denen. Und das andere Extrem? Aber nein. Die schon gar nicht. Nicht selbst ernannte Netzgurus. Wie lachhaft! Schließlich war das ein Sager mit Gehalt.)

War's der Christian Morgenstern?

Scheißegal. Entscheidend war, jetzt und hier, dass die Menschenmenge, die sie keine hundert Meter voraus im Laternenschein ausmachte, sich in Luft auflöste. Am besten sofort. Ehe sie selbst dort ankamen. Schließlich waren sie nicht zum Vergnügen hier. Julia und Sarah. Zwei Ladies auf ... Mission ... andererseits ... mmhhmm ...

Und dann kannte Julia zum Thema noch diesen hier:

Treu bis in den Tod sind nur die Dummköpfe. Die Treue hat ihre Grenze im Verstand.

Der, wusste sie, war wie der Griff ins Klo. Oder auf die zweischneidige Klinge eines Schwertes. Frisch geschliffen, versteht sich. Da wie dort mit bloßen Händen, versteht sich. Das konnte nicht gutgehen. Auch wenn sie sich oft genug genau darin wiederfand.

Ja. Exakt so würde es auch heute Abend laufen. Ob es ihr nun gefiel oder nicht. Sie hatte es im Blut. Weil sie ihre Pappenheimer längst kannte. Weil es einer dieser Abende war, die sie ebenfalls nur zu gut kannte. Einer dieser Abende, dem das Übel vorauslag, obwohl er aufs rechte Gegenteil getrimmt war. Einer dieser vordergründig herrlichen, zauberhaft lauen Abende, die einem schon mal das Herz übergehen, die einen tief nach Atem schöpfen lassen konnten im trügerischen Glauben, nichts wäre mächtig genug, die Stimmung zu trüben.

Oh ja. Sie konnte es verdammt nochmal riechen. Gerade so verhielt es sich jetzt und hier. Alles ringsum wie in Watte gepackt, und die schwüle Lust nach Aufbruch greifbar. Von schräg gegenüber funkelten die Nachtlichter der beiden Museumsriesen herüber. Die Schlussakkorde von Wagners *Walküre* in der Staatsoper im Rücken hingen noch vage in der Luft. Und aus dem Burggarten zur Rechten trug eine sanfte, nur mäßig kühlende Brise unwiderstehliche Aromen heran.

Bestimmt Jasmin. Oder wenigstens Rosen.

Julia wusste, dass es um diese Jahreszeit in Wirklichkeit nach feuchter Erde und Moos und gewärmten Blättern roch, tatsächlich also modrig und faulig. Doch das, sagte sie sich, sollte nichts zur Sache tun. Insgeheim wollte auch sie an das Ungetrübte glauben. Wie all die Menschen ringsum, denen diese Hoffnung auf die eine oder andere Stunde Unbeschwertheit in die Gesichter geschrieben stand. Einfach ausblenden, dass dort, wo sie und Sarah hinwollten, womöglich ganz andere Gerüche vorherrschen würden. Wenn alles nach Plan lief. Nach wessen Plan eigentlich? Ausdünstungen, die nach menschlicher Niedertracht stanken.

Nein. Daran wollte Julia noch gar nicht denken. Nicht jetzt. Lieber ausblenden. Wie auch die miefige Abgasglocke der vierspurigen Ringstraße, die die Abendstunden nicht fortzublasen vermocht hatten und in deren Riechweite sie beide standen. Julia und Sarah. Einfach ausblenden. Und stattdessen den Duftmolekülen der Vorstellung und ihren eigenen Melodien erliegen. Weil an einem Abend wie diesem im Gehirn bloß ankommen sollte, was auch ankommen wollte: ein wiesenblumenfrisches Bouquet. Es war wie mit einem fabrikneuen Wagen: Er konnte wohlig duften oder abgestanden stinken. Je nachdem, ob der Stolz des Besitzes überwog oder die Sorge um die Leasingraten. Heue Abend jedenfalls war die Welt auf Duft getrimmt.

Frühling über Wien.

Kichernd und beschwingt von einem köstlichen Abendmahl mit gebratenem Seeteufel und Salat und ein, zwei nachgeschossenen Drinks, mehr aber noch in angespannter Erwartung, was da kommen möge, lenkten sie ihre Schritte zielstrebig auf den Abgang zu. Es war kurz vor Mitternacht. Wenig verwunderlich, dass ganze Horden auf dieselbe Location wie sie verfallen waren, abtanzen in der *ge*, Samstagnacht im Spätmai, und so mussten sie geraume Zeit auf der Treppe ausharren, sich Stufe um Stufe hinabdrängeln, um irgendwann doch noch Einlass zu bekommen.

»Wo sind die Fiaker?«, fragte Sarah, während sie zwei Stufen hinabstieg. Sie hob das Kinn nach der Ringstraße, die nun fast auf Augenhöhe lag.

»Um die Zeit?«, gab Julia ungläubig wider. »Und überhaupt, was willst du mit einem Fiaker? Das ist was für die alten Knacker. Und die Japaner. Und die Dreckskerle, die daheim etwas gutzumachen haben.«

»Stimmt«, sagte Sarah. Ein wissendes Schmunzeln umspielte ihre Lippen. Sie warf einen letzten Blick hinüber zum Ring, ehe es endlich weiter ein Stück treppab ging und sie mit einem Grüppchen in die Katakomben des In-Clubs abtauchten. »Außerdem, wenn ich mich so umsehe, wer braucht schon Fiakerpferde? Freilaufende Stuten gibt's auch da jede Menge.« Sie lachte laut auf, warf den Kopf in den Nacken, dass ihr die Mähne aufflog.

Julia lachte herzhaft mit. Sie taxierte die junge Frau an ihrer Seite aus den Augenwinkeln. Sarah war, was man echt *scharf* nannte. Der Reihe nach würden sie auf sie abfahren. Langes, glattes, blitzblondes, gestyltes Haar. Ein hübsches, wie gedrechseltes Gesicht mit maßvoll konturierten Zügen. Ein makelloser Body mit nicht einem überschüssigen Gramm. Wäre sie nicht gefestigt in ihren Vorlieben, und wäre sie nicht ebenso mit einem Selbstbewusstsein und einem Körper ausgestattet, der ihr doch ganz brauchbare Chancen bei Männern einräumte, die sie einmal auserkoren hatte – glatt hätte Julia darauf verfallen können, neidisch zu werden. Oder am besten Sarah gleich selbst anzubaggern.

Doch das stand nicht zur Diskussion.

Es war nicht das erste Mal, dass sie und Sarah gemeinsam auf Tour gingen. Sie waren ein gutes Gespann. Erfolgreich. Einerseits verhielt es sich bei ihnen wie bei Tag und Nacht. Oder Yin und Yang. Oder Sonne und Mond. Teufel und Engel. Andererseits waren sie wie aus einem Guss. Alle beide keine Mitte zwanzig. Alle beide fantastisch aussehend. Alle beide aus demselben Grund hier.

Sie selbst, Julia (darin hob sie sich nun wieder von Sarah ab), hatte sich für den Weniger-ist-mehr-Joker entschieden. Ein Overall in verschossenem Schwarz als schlichtes, fast keusches Outfit. Und gerade darum so reizvoll. Hauteng obendrein. Dazu schwarze, hohe Schuhe. Wie Sarah trug sie ihr Haar offen, kastanienbraun, in fluffig die Schulter hinabwallenden Locken. Einzig schriller Kontrast: der knallrote Lippenstift, den sie aufgelegt hatte.

Beherrschendes Thema beim Abendessen vorhin waren ihre Motive gewesen. Vor allem Sarahs. Was sie daran reizte. Warum sie mit von der Partie war. Warum überhaupt. Warum heute Abend.

»Ich habe meinen Glauben verloren«, sagte Sarah und angelte wie lustlos mit der Gabel nach dem letzten Bissen Fisch.

»Deinen Glauben?«

»Ja. Den Glauben an die Treue. Männer sind Schweine.« Die Erfahrungen mit ihren beiden letzten Verflossenen erlaube ihr keinen anderen Befund als diesen. Bei dem einen habe sie überhaupt erst lange *nach* der Trennung erfahren, mit wem sie es da zu tun gehabt, mit wem er sie wie oft hintergangen hatte. Darunter der Klassiker: die beste Freundin.

»Darum mache ich es«, sagte sie. Wie auch aus einer Reihe anderer Beweggründe, die sie Julia nach und nach darlegte.

Schweine?, dachte Julia. Ein Buchstabe stieg vor ihrem geistigen Auge empor. Ein fettes, übergroßes S. S wie Schönebeck, jene Stadt im Herzen Sachsen-Anhalts, die ihr vor ein paar Jahren noch Heimat gewesen war. S wie Scheidungskind (auch ohne Heirat der Eltern). S wie Schulabbruch. S wie Schnapsidee. S wie Selfie. S wie Straps. S wie steigern. S wie Sex. S wie siedeln. S wie Stefan.

Stefan.

S wie sympathisch. S wie sprachgewandt. S wie Schmeichler. S wie Schlaftabletten? S wie Schwangerschaft? S wie

Sehnsucht nach Sicherheit. Insbesondere aber auch, weil so übermächtig präsent in ihrer jüngsten Erinnerung: S wie Selbstaufgabe. Und, über allem: S wie
Scheißkerl.

Nun waren sie soweit. Endlich Einlass in die *Passage*. Die mitgeführten dünnen Jäckchen (man wusste ja schließlich nie) an die Garderobe geworfen. Dann ab ins Gewühl. Mit ausgestellten, teils rudernden Armen und im Takt der wummernden Bässe die Menge durchpflügen. Eine erste Runde. Blicke in geisterhaft aufblitzende Gesichter. Datenabgleich. Nein. Und weiter. Quer durch den ganzen verdammten Club. Nichts. Ein resigniertes Kopfschütteln. Ein Drink an der Bar. Lagebesprechung. Eine zweite Runde. Diesmal geteilt. Sarah die eine Hälfte. Julia die andere.

Acht Männer, die Geburtstag feierten. Angeblich. Die mussten doch zu finden sein. Easy cheesy. Die konnten doch nicht ... Andererseits, vielleicht waren sie gar nicht ...? Vielleicht war auch das bloß ...? Das würde bestätigen, was sie im Vorfeld gehört und was sie längst auch selbst zu vermuten begonnen hatte.

Julia war erst ein paar Schritte vorangekommen auf ihrer Solorunde, als sie Sarahs blonde Mähne unvermutet aufblitzen sah. Sie durchtauchte die dampfende Menge mit aller Vehemenz in ihre Richtung. Ein Drängen und Zwängen auf verlorenem Posten und darin ein ähnlich hoffnungsloses Unterfangen wie der Versuch einer Sardine, sich doch noch gegen ihr Schicksal aufzubäumen, wo sie bereits in der Dose lag. Keine drei Meter vor ihr war dann auch Endstation. Eingequetscht zwischen zwei aufgepumpten Hünen, brüllte Sarah ihr etwas zu. Tonlos, wie Julia empfand, denn der Schall der Worte flog mit den dröhnenden Beats von Aviciis *Lay Me Down* hoffnungslos auf und davon.

»Ich hab ihn«, brüllte Sarah abermals, nun in schrillen Lagen, fast panisch.

Julia las ihr mehr von den Lippen, als dass sie hörte, riss die Augen auf. »Ja? Sicher?«

Sarah nickte aufgeregt. Endlich boten die Muskelpakete einen Spaltbreit Platz, und so zog Sarah sie augenblicklich mit sich fort. »Dieses Schwein!«, fauchte sie in einem fort. »Er knutscht mit irgendeiner Tussi rum.«

Still lächelte Julia in sich hinein, wie zur Bestätigung einer unverbrüchlichen Wahrheit, die sie schon so oft so eindrücklich bestätigt bekommen hatte, während die Kollegin energiegeladen voranstapfte, zielstrebig und unaufhaltsam wie ein Eisbrecher im Polargewässer, dessen stählerner Bug alles aus dem Weg räumte. Es war unübersehbar und zugleich wohlvertraut: Sarah war voll entbrannt, glühte im Jagdfieber, und sie schleppte sie, Julia, nun mit aller Entschlossenheit hinter sich her, um gleichermaßen stolz wie empört ihren Fang zu präsentieren.

»Dort vorne ist er«, rief Sarah und fuchtelte wild mit dem Arm.

Julia dachte an das Foto, das sie aufs Handy geschickt bekommen und das sie beide eben noch eingehend gemustert hatten, bevor sie auf Runde gegangen waren. Auf *Kontrollgang*. Der Kerl sah darauf alles andere als übel aus. Ende dreißig. Schlank. Hoch aufgeschossen. Kantige Backenknochen. Aber nicht zu kantig. Dunkles, kurzes Haar. Leicht graumeliert. Grundtenor: charismatisch.

Julia sah den Kerl fürs Erste nur von hinten. Das soll er sein? Doch dann, als er sich mit ein paar schunkelnden Bewegungen in ihre Richtung drehte, ohne die Körpereinheit zwischen sich und seiner Begleitung aufzugeben und auch ohne seine Zunge aus ihrem Hals zu bekommen, war jeder Zweifel ausgeräumt: Ja, dieser Scheißkerl.

Wer, verdammt, ist diese Frau?

Da war auch Julia im Jagdmodus. Nun schleppte sie ihrerseits Sarah hinter sich her, hin zur nahen Bar. Während sie zwei Drinks orderte, scannte Julia das Umfeld des Gigolos. Ja, dachte sie, das dürften seine Freunde sein. Sie müssten zusehen, Kontakt zu kriegen.

»Kannst du einen von ihnen anmachen?«, raunte sie Sarah ins Ohr, ohne die Augen von den acht Männern und dem weiblichen Appendix des einen zu nehmen.

Sarah nickte kurz, nahm einen kräftigen Schluck von ihrem Gin Tonic, dann schlenderte sie los. Betont cool. Julia sah, wie sie ihren Körper auf eine Weise in Szene setzte, die den Widerstand kategorisch ausschloss. Erst recht den des starken, in Wahrheit schwachen Geschlechts. Es sei denn, alle acht waren aus Stahlbeton. Oder vom anderen Ufer.

Keine fünf Minuten später saßen sie und Sarah am Tisch der Gruppe. Ein paar flotte Sprüche. Gelächter. Blickkontakt. Zuprosten. Da eine flüchtige, wie unabsichtliche Berührung am Unterarm. Dort das übliche Geplänkel. Julia maß alledem keine Bedeutung bei. Was wirklich zählte, war er. Um seinetwillen waren sie gekommen.

Er hieß Tobias.

Nach fast schon endlosem Zuwarten, als seine angewachsene zweite Hälfte sich doch einmal von ihm löste, um auf die Toilette oder wohin immer zu tingeln, und auch die Reihe der Freunde am Tisch vorübergehend gelichtet war, ergriff Julia ihre Chance.

»Schade, dass du nicht allein hier bist«, sagte sie.

Tobias sah sie herausfordernd an. »Ja, das ist wirklich schade. So ... so interessant, wie du bist.«

Julia ließ es sich nicht anmerken, doch die Blitzartigkeit, mit der Tobias alias Tobi sich bereiterklärte, sie hemmungslos anzubraten, während seine Freundin gerade mal ein paar Schritte entfernt war, machte sie doch einigermaßen sprachlos. Noch dazu, wo sie (wer auch immer sie sein mochte) bestimmt nicht wusste, dass er ...

»Tja«, sagte Julia mit verschmitztem Lächeln. »Da bin ich wohl zu spät gekommen.«

»Es ist niemals zu spät.«

»Ach nein? Sieht mir aber nicht danach aus.«

Tobi schnitt eine diffuse Grimasse.

»Um wie viel bin ich eigentlich *zu spät*?«, setzte sie nach.

Er taxierte sie aus zugekniffenen Augen. »Wenn du es genau wissen willst, um zwei Jahre.«

Tobis Flamme tänzelte zurück an den Tisch und warf sich ihrem Geliebten augenblicklich und auf eine einnehmende, besitzergreifende Art an den Hals, als stünde *Ewiges Glück* darauf, eingraviert in fetten, bunten Tattoolettern. Während die Unbekannte sich abermals an Tobi zu schaffen machte, löste Julia sich von ihrem Sitz, zwinkerte ihm unbemerkt zu und tanzte wenig später dicht an dicht mit Sarah, die an ihrem *Aufriss* nur bescheidenen Gefallen fand, was sie durch dezente Zurückhaltung demonstrierte. Mit wenigen Sätzen hatte sie Sarah darüber ins Bild gesetzt, was sie in aller Kürze in Erfahrung gebracht hatte.

»Zwei Jahre schon?«, rief die. Eine Mischung aus Unglauben und Abscheu lag in Sarahs Stimme. »Dieses Dreckschwein!«

Julia nickte. *Mission Ärsche* hatte Sarah ihr Auftreten heute Abend im Vorfeld genannt. Und sie konnte nicht umhin, ihr uneingeschränkt Recht zu geben. Schlagartig kippte nun auch Julias Stimmung. Es war geworden, was sie vermutet hatte. Und wäre sie privat, rein privat, hier gewesen, mein Gott, wie hätte sie diesem Dreckskerl die Leviten gelesen. Aber so, nein. Das durfte sie nicht. Das war nicht ihre Aufgabe.

Julia hatte mehr als genug gesehen. Sie gab Sarah ein Zeichen. Kurz danach standen sie an der Bar, nahmen demonstrative Distanz ein. Zu Tobi. Zu seiner Flamme. Überhaupt zur ganzen Clique. Zum einen, weil alle beide von Grund auf angeekelt waren, insbesondere von diesem Saukerl mit seiner *Andrea*, wie sie mittlerweile wussten. Zum anderen aber auch, weil sie sehen wollten, ob er nicht doch bereit wäre, noch einen Schritt weiterzugehen. Darum waren sie letztlich hier. Obendrein hatten sie beschlossen, ein wenig zu feiern. Schließlich waren sie blutjung. Und die Nacht war es auch.

»Rufst du sie an?«, fragte Sarah, während sie an ihrem frisch bestellten Drink nippte.

»Ja«, gab Julia zurück, »aber nicht heute. Würdest du es jetzt wissen wollen? Mitten in der Nacht?«

»Nicht wegen diesem Arsch.« Sarah schüttelte den Kopf, und Julia lachte spontan auf, mehr aus Bitterkeit denn Heiterkeit, doch ihr Lachen ging als ein vermeintlich fröhliches auf die Reise. Und es kam geradewegs dort an, wo es gar nicht ankommen sollte. Eben noch, keine Minute war's her, hatte Julia erwogen, ob sie nicht doch weitermachen sollten. Ob sie nicht doch noch einen Angriff starten sollte. Eines *ultimativen* Beweises wegen. Wie auch immer alle beide aussehen mochten. Der Angriff. Und der Beweis.

Und genau da entfuhr ihr dieser Lacher, der auf Reisen ging. Und genau da trat Tobi ihn selbst an: den ultimativen Beweis. Aus gänzlich freien Stücken und im unerschütterlichen Glauben an die Unwiderstehlichkeit seiner Person, an die absolute Kraft seiner Männlichkeit. Eng umschlungen mit seiner Flamme auf der Tanzfläche, mit beiden Händen ihre Pobacken Zentimeter um Zentimeter und auf eine Weise abtastend, als bestünden die Fingerkuppen aus Funksensoren, die ihre Koordinaten direkt in die Datenbank eines Skulpteurs weitergaben, begannen seine Augen, Julia an der Bar auszuziehen. Sie konnte spüren, wie Schicht um Schicht von ihr abfiel. Und dann, als sie ihm wohl bereits splitternackt vor Augen stand, löste er sich mit einem

Ruck von seiner Angebeteten, steuerte schnurstracks auf sie zu.

»Here comes Mister Dreckskerl«, knurrte Julia Sarah voller Verachtung aus geschlossenen Zähnen zu, lächelte dabei aber unverfänglich in Tobis Richtung. Blitzartig war er bei ihnen, zwängte sich zwischen die beiden, presste seinen Körper an Julias und orderte zwei Drinks. Währenddessen schob er ihr eine Visitenkarte zu. Unbemerkt, ohne einen Anflug von Nervosität und mit einer schlafwandlerischen Sicherheit, die auf beträchtliche Routine in solchen Dingen verwies. So schnell er an sie herangerückt war, so schnell war Tobi, zwei volle Gläser in Händen, auch schon wieder weg, ehe sein Vögelchen, das zwischenzeitlich angeflogen kam, sie erreicht hatte.

»Wir gehen«, sagte Julia. Ihr war nicht länger nach Feiern zumute. *Feiern?* Was auch? Dass sie ein Ekel der Sonderklasse getroffen hatten? Einen Businessman aus dem Bilderbuch, der seit fünf Jahren in festen Händen in Graz war und hier, in Wien, ein nahezu perfektes Doppelleben führte? Aber eben doch nur nahezu perfekt. Weil er in der Unfehlbarkeit, die er in seinem Auftreten für sich reklamierte, doch um einen Tick zu blöd war. Zu hormongeladen. Und darum fehlerhaft agierte. Weil er angefangen hatte, seine Langzeitpartnerin ein ums andere Mal zu versetzen. Weil er Termine, Meetings, Dienstreisen vorschützte, die es natürlich nicht gab. Weil die Ausreden zwar immer schlagartig erfolgten, zugleich aber auch immer schaler, immer billiger, immer unglaubwürdiger ausfielen. Weil er Nachrichten mit schwerem Erklärungsbedarf im Handy hatte stehen lassen. Weil er Frauen unter Männernamen im Kontaktspeicher führte.

Zwei Minuten später waren sie draußen bei der Tür und fassten erstmal tief Atem.

»Willst du sie doch noch anrufen?«, fragte Sarah, da sie sah, wie Julia an ihrem Handy nestelte.

Julia schüttelte den Kopf. »Ich checke bloß die Bilder von drinnen. Das gehört zum Service.«

Nein. Kein Anruf. Nicht mitten in der Nacht. Was sie gesehen hatte, würde bis morgen warten können. Dieses Paket aus Lügen und Testosteron und Selbstüberhebung war es nicht wert, anderen Menschen auch nur eine Sekunde kostbaren Schlafs zu rauben. Das kam ohnedies bald genug. Darum würde sie bis zum nächsten Morgen warten.

Der Gedanke daran schnürte ihr ohnedies die Kehle eng. Jetzt schon, beim allerersten Bissen vom Kebab, den sie sich gleich beim Aufgang des Clubs *zur Belohnung* gönnten. *Das Telefonat.* Gleich morgen früh. Schließlich war morgen früh ziemlich bald. Julia gedachte der Fassungslosigkeit, die ihr entgegenschlagen würde. An das Schweigen, das sie nur zu gut kannte. An das Nach-Luft-Ringen. An ein Meer von Tränen, das im Gefolge womöglich durch die Leitung schwappen würde. An die Frage der Fragen, die immer wieder kam.

Warum ich?

Und sie dachte an die systematische Schmierenkomödie, die hinter alledem stand. An die viele, durchaus knochenharte Arbeit des Verschleierns. Das Löschen von Nachrichten. Mails. Chatverläufen. Das Verbergen von unerklärlichen Unkosten. Kreditkartenabrechnungen. Essensbelege. Hotelrechnungen. Kilometerstände auf Tachos. Was immer. Das Umschiffen von Orten, wo Bekannte, Freunde des ersten Lebens anzutreffen sein könnten. Das Erklären jäh geänderter Lebensgewohnheiten. Vom neuen Körperbewusstsein über den neuen Kleidungsstil bis zu sprachlichen Gepflogenheiten, weil Affären, Parallelbeziehungen meist auch ihre eigenen Codes generierten, über die man sich verständigte. Die Menschen zusammenschweißten und Welten schufen, in die andere keinen Zutritt bekamen.

All das bedeutete einen enormen Energieaufwand, der anderswohin floss. Nur nicht in die eigene Beziehung. Oder wenigstens in die Kraft zum Mut, endlich Farbe zu bekennen, endlich ehrlich zu sein.

Daran musste Julia vor so einem Telefonat denken. Und wie es wohl Polizisten ergehen musste, die Hiobsbotschaften zu den Menschen trugen. Nichts anderes war im Prinzip, was sie tat. Auch sie legte fremde Welten in Trümmer. Nicht immer. Aber oft genug. Der entscheidende Unterschied war bloß, dass sie nicht die Gewissheit vom Tod eines Menschen brachte, sondern schlimmstenfalls die Gewissheit vom Tod einer Beziehung, die ohnedies nicht erhaltenswert war. Den Einsturz eines Gebäudes mit durch und durch morschen Grundfesten. Wie auch, dass sie nicht aus eigenem Antrieb Schicksalsengel spielte, sondern letztlich immer darum gebeten wurde. Weil Menschen nach Gewissheiten suchten, die sie auf andere Weise nicht erhielten. Weil

Menschen die Courage aufbrachten wissen zu wollen, woran sie waren. Oder vielleicht auch, weil sie inbrünstig hofften, sich zu irren. Oder die Kunst des Manipulierens durch ihre Partner so weit fortgeschritten war, dass sie für alles bei sich selbst die Schuld suchten. Und manchmal auch fanden. Und sich für Dinge entschuldigten, die der andere verbrochen oder zumindest verursacht hatte.

*

Am Folgemorgen, kurz nach neun, rief Julia Frau B. an. Ihre Auftraggeberin aus Graz. Sie hatte wissen wollen, ob ihr Lebensgefährte allzu leicht für einen Flirt und ein bisschen mehr zu haben wäre. Ob er sich (was sie ohnedies im Grunde ihres Herzens vermutete) zu einem Seitensprung entschließen, schlimmstenfalls sogar eine Affäre anfangen würde.

Frau B. war auf der Suche nach Gewissheit. Und nach Erfüllung einer schon angeschlagenen Hoffnung: dass nämlich sie die Einzige wäre, die über alles Geliebte. Darum schrieb sie das Mail an *Die Treuetester*. Nach einer (wenngleich wackeligen) Sicherheit hat sie gesucht. Bekommen hat sie das seit Jahren praktizierte Doppelleben eines skrupellos notorischen Betrügers. Natürlich zog ihr das fürs Erste die Schuhe aus. Dann aber war Frau B. dankbar, ist es heute noch. Weil man ihr die Augen geöffnet hat.

Man. Das sind in diesem Fall Julia und Sarah. Im Gespann. Manches lässt sich eben nur zu zweien wirklich effektiv bewerkstelligen.

Sarah, die Gelegenheits-Detektivin, die es liebt, Sherlock
Holmes im Kleinen zu spielen, die ein *Faible fürs Hobby-Psy-
chologisieren* hat, wie sie es nennt, es insbesondere aber darum tut: Weil sie Menschen wie Tobi aufs Blut nicht ausstehen kann, mehr noch, weil sie Menschen wie Frau B. vor
Menschen wie Tobi um jeden Preis zu schützen gedenkt. Da
sind sie schon zwei. Sarah und Julia.

Mission Ärsche.

Und Julia? Die mit dem knallengen, schwarzen Overall
und den grell aufgeschminkten Lippen?

Ja, Julia, das bin ich.

Und *Die Treuetester?*

Das bin auch ich. Meine Agentur, um präzise zu sein. Mit
einer Heerschar von Testerinnen und Testern an meiner Seite. An die dreihundert sind es inzwischen, Frauen und Männer jeden Alters, jeden Aussehens, der Querschnitt eines
Blicks auf eine belebte Straße. Erlauben Sie, dass ich mich
nun selbst vorstelle:

Mein Name ist Kersten.

Therese Kersten.

Ja, auch ich mag Martini. Nein, es spielt keine Rolle, ob
geschüttelt oder gerührt. Ja, auch ich neige bisweilen dazu,
mich in seltsamen Situationen wiederzufinden. Nein, nicht
aus Prinzip seltsam. Ja, auch ich neige zu etwas bizarren
Vorgehensweisen. Nein, keinesfalls verbotene. Ja, auf gewisse Weise bin auch ich auf Mission. Nein, ich trage keine scharf geladene ... ich bin die Waffe. Ja, ich könnte es
gut verstehen, würden Sie darauf verfallen, mich allerspä-

testens am Ende dieses Buches süffisant *Agentin 006* zu nennen. Nein, freuen Sie sich bloß nicht zu früh über Ihr Späßchen.

Doppelnull Sex.

Seien Sie stattdessen versichert: In den allermeisten Fällen, die Ihnen auf den folgenden mehr als zweihundert Seiten begegnen, dreht es sich, wenn schon, um das Duell *Sex gegen Doppelnull.* Einen anderen Schluss lassen die ernüchternden, erschreckenden Einblicke in Moral und Werte, Raffinesse und Durchtriebenheit, Risikofreude und Selbsteinschätzung, kurzum: in die Psyche mancher Zeitgenossen (und -innen) kaum zu.

Ja, man kann mich buchen. *www.die-treuetester.eu.* Sie können es in Ihrem eigenen Interesse tun. Andere Leute in deren, was dem Ihren womöglich grundlegend widerstrebt. In diesem Fall bin ich nicht länger ein Traum, sondern der Alp. Seien Sie also auf der Hut, ehe Sie auch nur erwägen, den Partner, die Partnerin ... andererseits ... sind wir Menschen denn geschaffen für absolute, ewige Treue?

Mein Name ist Kersten.
Therese Kersten.
Alter: 27 Jahre.
Beruf: Lockvogel.

PS.: Frau B. wollte es ganz genau wissen. Genauer als genau. Also gab sie einen zweiten Test in Auftrag. Ob (da immer noch ihr) Tobi tatsächlich bereit wäre, sich mit mir zu treffen. Privat. Für … *na, Sie wissen schon, Frau Kersten. Für eindeutige Dinge eben.* Und ob er dabei zugleich seine Freundin eingestünde.

Schriftlich.

Zehn Minuten nach meinem SMS funkte Tobi zurück. Ja, natürlich wolle er mich (treffen). Nein, natürlich sei das mit der Freundin *kein Problem.* Also vereinbarten wir ein Treffen. In Wien.

Wer an meiner statt in das Hotel in der City kam, war Frau B. Eigens aus Graz angereist. Das, verriet sie im Vorfeld, sei ihr den letztmaligen Aufwand wert. Ein letzter Aufwand. Für ihn. Das Letzte.

PPS: Erinnern Sie sich noch an den Wortlaut des zweiten, eingangs erwähnten Zitats?

Treu bis in den Tod sind nur die Dummköpfe. Die Treue hat ihre Grenze im Verstand.

Dieser Satz geht auf einen gewissen Talleyrand zurück. Charles Maurice de Talleyrand-Périgord. Erst Bischof von Autun. Dann Außenminister Napoleons. Dann Vertreter auf dem Wiener Kongress von 1814.

Ist demnach schon ein Weilchen von uns gegangen, der gute, alte Talleyrand. Und ohnedies ein Mann, den das historische Gedächtnis Frankreichs weitgehend von der Festplatte getilgt hat. Insbesondere, weil er im Ruf stand und steht, ein recht spezielles Verhältnis zur Loyalität und Treue (wenngleich im politischen Sinne) gehabt zu haben. Ein williger Diener vieler Herren. Ein Meister von Beweglichkeit und Anpassung, Lüge, Verrat und Intrige. Manche nennen es schlichtweg: Opportunismus.

Talleyrand ist vergessen. Ein vom Sturm der Geschichte fortgeblasenes Staubkorn. Durchaus Bestand hat jedoch die Kernaussage zu ihm, weil sie ins Heute reicht und für zahlreiche der *Spezialisten*, die ich Ihnen nun mit all ihren Besonderheiten (und dabei wieder Alltäglichkeiten) näherbringen möchte, nach wie vor Gültigkeit hat. Ein Zitat, das Bonaparte zugeschrieben wird und an aktuellem Bezug und Treffsicherheit kaum überbietbar scheint.

Wie also sagte Napoleon Bonaparte einst über Talleyrand?

Ein Haufen Scheiße in Seidenstrümpfen.

WARE LIEBE

Was lässt einen Menschen seine Haut zu Markte tragen?
Einen so jungen Menschen obendrein? Ein Mädchen von
gerade mal 19 Jahren? Aus gewöhnlichen Verhältnissen.
Durchschnitt. Weder ganz oben, noch ganz unten.
Was ist das überhaupt? Ganz oben? Ganz unten?
Die Eltern jedenfalls nicht verheiratet. Und auch nicht
länger zusammen. Seit Gedenken. Genau genommen seit
das Mädchen fünf ist. Seit *ich* fünf bin. Der Patchwork-Klas-
siker: Aufwachsen bei der Mutter. Mit sechzehn die erste
Wohnung. Nun ja, etwas früh vielleicht in mancher Leute
Augen. Mit 19 zurück in den elterlichen Schoß. Gewissermaßen. Diesmal ein Leben beim Vater. Im selben Haus mit
seiner neuen Familie und den Großeltern.

Ein Zuhause, das mir nie wirklich eines gewesen ist. Dennoch alles im Rahmen. Keine bewegenden Probleme, die ein
Mädchen, eine junge Frau von 19 Jahren aus der Spur werfen, in solche Bahnen lenken, sie diesen Schritt setzen lassen würden.

Es ist nur wie eBay. Nichts weiter.
Nur wie eBay.

Aber ja, sage ich mir, während ich wie besessen auf meinen Schoß starre. Aber ja. Menschen stellen allerlei Verrücktheiten an, wenn der Tag lang und die Mischung aus Phantasie und Durchsetzungsvermögen begrenzt ist. Sie machen sich abhängig. Von anderen Menschen. Von überzogenen Vorstellungen. Von Wünschen, deren Preis zu hoch ist. Sie arbeiten viel zu viel für viel zu wenig Geld. Sie tun es für die grundfalschen Leute. Sie begeben sich in prekäre Umstände. Wir schreiben das Jahr 2009. Ein Frühfrühlingstag. *Prekäre Umstände, Therese? Aber es ist doch bloß ... es ist nur wie eBay. Nichts weiter. Nur wie eBay.* Die Wiederholung, weiß ich in der Theorie, macht das Falsche nicht richtiger. Dennoch sage ich es mir wieder und wieder vor. Gebetsmühlenartig. Das beruhigt. An der Oberfläche. Darunter brodelt es. Wofür immer es steht. Andere tun es auch. Kein Abschaum. Menschen wie du und ich. Aus oftmals behüteteren Häusern. Haben die auch alle denselben Schaden, den mir manche nachsagen? Weil man das nicht macht, unter *normalen Umständen?* Dabei will ich doch nur eines: raus.

Weil all das nichts für mich ist. Weil der Traum anderer Leute, schon mit zwanzig felsenfest zu wissen, wo sie mit fünfzig stehen, mein Alptraum ist. Dreißig Jahre derselbe Job. In derselben Firma. Von da weg nur noch fünfzehn bis zur Rente. Dreißig Jahre dieselbe biedere Kleinstadt. Und mit fünfzig? Ende Gelände.

Oh nein, Therese. Du musst da raus. Bloß, du hast kein Geld. Weil du die 800 monatlich, die du als Polizeischülerin bekommen hast, jetzt eben nicht mehr bekommst. Weil du aufs Wirtschaftsgymnasium gehst und von dem Bisschen abhängst, das man dir gibt. Du musst da raus. Weil du erst 19 bist. Weil du ein Leben vor dir haben willst. Und nicht eines, das in Gedanken bereits hinter dir liegt. Weil das Abenteuer ruft. Weil du das Reisen, das Unterwegssein in den Genen hast. Weil du am Jagdfieber leidest.

Darum, Therese, tust du es. Darum hast du diesen Schritt gesetzt. Und nicht, weil du ein verkommenes Miststück bist, wie manche leichtfertig meinen könnten.

Es ist nur wie eBay. Nichts weiter. Nur wie eBay.

Rein technisch gesehen ist es das allemal. Der Gedanke kühlt mir die Hitze, senkt mir den Puls, hat etwas Beschwichtigendes. Rein technisch gesehen ist es nichts anderes. Wie eBay. Die einen bieten an. Die anderen kaufen.

Tack. Tack. Tack.

Ein Frühfrühlingstag im Spätmärz. Die Kräfte der Sonne steigen, sind allgegenwärtig. Die Großwetterlage ist stabil. Und der Mikrokosmos? Weniger. Draußen schlagen die ersten Bäume aus. Auch hier drinnen, in diesem miefigen Raum mit zwei Dutzend Leidensgenossen, ist das Wurzelwerk in Bewegung. Ringsum beginnen sie, nervös auf ihren Stühlen zu wetzen. Auch mich hält es kaum noch. Mittagszeit. Das Hungergefühl ist raumgreifend. Nur nicht in mir. Von Hunger keine Spur. Stattdessen ein Gefühl schaler Übelkeit, das in mir emporsteigt. Denn von jetzt weg gerechnet sind es nur noch *exakt vier Stunden, siebenundzwanzig Minuten und ... Therese, verdammt. Worauf hast du dich da eingelassen? Wie kannst du dich nur selbst versteigern?*

Worte wehen heran, nur ein paar Schritte entfernt, losgeschickt vom anderen Ende des Raumes, und doch endlos distanziert. Lehrende, bisweilen belehrende Worte. Sie wehen
heran. Sie wehen an mir vorüber. Sie verwehen. Unverstan-
den. Wie nicht gehört. Wie gar nicht erst gesagt. Die Unruhe
ist mit allen Sinnen spürbar, hängt greifbar über mir, klebt
mir an der Haut. Das Einzige, was in mir, an mir noch ruht, ist mein Blick.
Er ist stet, liegt in meinem Schoß. Auf dem, was ich fahrig,
klammheimlich zwischen den Fingern hin und her gleiten
lasse, was mit meinen zappeligen Beinen auf- und abspringt.
Ein Gustostückerl technischer Raffinesse dieser Tage ist es,
auf das ich hinabstiere. Das Google-Handy. Brandnew. Ge-
neration eins. Der *Dernier Cri* auf dem Handymarkt. Voll in-
ternettauglich. Und seit wenigen Wochen mein.

Echt scharf. Echt sündhaft teuer.

Ich hebe den Kopf, senke ihn in der Sekunde. Wie besessen starre ich aufs Display. Seit Wochen nun schon. Vormittag um Vormittag. Und mit jedem verstrichenen Tag, mit
jeder Veränderung oder Nicht-Veränderung öfter. Länger.
Intensiver. Wie besessen tippe ich manchmal auch darauf
ein. Wie nun.

Was dort vorne nach Aufmerksamkeit heischt, ist nicht
länger meine Welt. Nicht jetzt wo es darauf ankommt. Wo es
ins Finale geht. Wo es gilt. Längst bin ich wieder dort. Anderswo. Weit weg in Gedanken. An einem fernen Ort, der
World Wide Web heißt, verkrochen in einem seiner endlos
vielen Schlupfwinkel, der über mich urteilt. Dessen User

über mich richten. Über meinen Wert. Meinen alles andere als fiktiven Wert.

Tack. Tack. Tack.

Wie wird es sein? Wer wird es sein? Wann? Wo? Um welchen Preis? Wem bin ich wie viel wert?

Ich spüre die sanfte Schweißschicht meiner Hände. Spüre das latente Zittern der vergangenen Tage allmählich zu einem Beben aufwallen. Es ist nicht länger beherrschbar. Spüre das Rauschen in mir. Oh ja, verdammt, und wie es rauscht. Was immer es ist. Ach, das habe ich auch schon? Egal. Denn dieses Es ist mehr als ungewiss. Doch es ist da, rauscht und tobt. Wie spät ist es? 13 Uhr? Dabei ist dieser Augenblick der Entscheidung doch gerade erst ein endlos ferner gewesen.

Zwei Wochen ist es her. Und jetzt? Wo es doch nur wie bei eBay ist?

Jetzt.

Jetzt heißt dieser Augenblick, der mir Gewissheit verschaffte über einen bizarren Wert, der mich auf einmal ausmachen soll. Und, ja, auf gewisse Weise tatsächlich ausmacht. Wenigstens in anderer Leute Augen. Doch auf seltsame Art, wie mir bewusst wird, auch in meinen eigenen. Jetzt wird mir als Zahl erscheinen. Ein nacktes Zifferngebilde. Nichts weiter. Und doch wird mich diese Zahl definieren. In wenigen Stunden schon. Wie viele?

Oh mein Gott.

Vier Stunden, dreiundzwan... Es ist nur eine Zahl, Therese. Eine schlichte Zahl, die am Ende der Zeit auf einem

Bildschirm aufblinken wird. Sonst nichts. Wirklich, sonst nichts? Wie viel würde es am Ende sein? An diesem so drängend nahen Ende?

800 Euro? 1000? 1500?

Beruhige dich, Therese. Zwei Wochen, denke ich, stöhne halblaut auf und ziehe ein sanftes Nicken auf mich. Nachgereicht die bestätigenden Blicke meiner Sitznachbarin. Was sie nicht weiß: Ihre Gründe zu stöhnen sind allein der an Mattigkeit und schalem Beigeschmack kaum zu übertrumpfenden Szenerie dort vorne geschuldet und grundlegend andere. Vor zwei Wochen, denke ich. Meine Güte. In zwei Wochen erfinden Menschen meines Alters die Welt tausendmal neu.

Tack. Tack. Tack.

Unausgesetzt liegt der Blick auf meinem Schoß. Dort, wo seit ein paar Wochen über mich und meinen reellen Wert befunden wird. In unterschiedlichem Takt. Mal tagelang nichts. Dann wieder geht es hin und her. Wie Pingpong. 300. 400. 600. Abermals 50 oben drauf. Noch vier Stunden, dreiundzwanzig Minuten und zwölf Sekunden.

Zwei Wochen.

Eine völlig ungewisse Zukunft für eine junge Frau mit Vergangenheit. Ja, sage ich mir. Das bist du. Ein Mädchen, eine junge Frau mit Vergangenheit. Jetzt schon, gerade mal 19. Doch bestimmt keine von *denen*. Nein, Therese, das bist du nicht. Du bist kein Miststück. Welcher Teufel, verdammt noch mal, hat dich da geritten?

Du bist keine von denen.

Dennoch eine junge Frau, ein Mädchen auf Abwegen. Abgründe würden sie sagen. Sie. Die Kollegen ringsum? Die nicht zwingend. Die Kolleginnen allemal. Der Schlampenfaktor unter uns Frauen. Und wenn es breiter die Runde machte? Wenn es von Haus zu Haus ginge? Hier, in dieser kreuzbiederen Kleinstadt Schönebeck? Du könntest dich nicht mehr blicken lassen.

Scheiß drauf.

Und Mama? Wäre sie entsetzt? Mama vielleicht. Papa ganz bestimmt. Und Anna? Ja, auch sie. Anna, die beste Freundin, auf den Tag genau zwei Jahre jünger. Ich sehe ihr leicht pausbackiges Gesicht. Sehe sie nach Luft schnappen, vor blankem Entsetzen die Hände über dem Kopf zusammenschlagen. Ich sehe mich sie anlügen. Es würde unausweichlich sein. Und doch, sage ich mir, habe ich keine andere Wahl. Jetzt nicht mehr.

Nein?

Natürlich hast du! Immer noch kannst du es canceln. Einfach »Stopp« sagen. Als wäre nichts gewesen. Bestimmt würdest du Storno zahlen müssen. Na und? Würdest du überhaupt? Wie war das gleich nochmal mit den AGB? Außer Spesen nichts … Du kannst es immer noch stoppen, Therese. Noch ist Zeit. Vier Stunden und wie viel …? Vier Stunden und noch irgendwas. Vier Stunden, Therese, sind nicht bloß eine Last. Nein. Sie sind auch eine Chance.

Ich blicke kurz hoch wie zur Bestätigung, dass der Typ dort vorne nicht Wichtiges von sich gibt. Nein. Keine Gefahr. Er ist weiterhin gefangen in seinem eigenen Universum, das nicht das meine ist. Der Blick wieder hinab. Vertraute Bilder, Icons, Einträge funkeln empor. Der knallorange Balken zuoberst. Startseite. Verkaufen. Login. Registrieren. Hilfe. Impressum. Presse. Die diversen Kategorien. Räume. Reisen. Bilder. Kunst gibt es auch. Kunst. Zwischendrin Einträge, die mit dem Kamasutra kokettieren. Dann wieder Werbung. Statistiken. *Alles wie bei eBay.* Nur eben um den Tick krasser. Und anstelle Biedermann und Söhne, anstelle von Haus und Garten, Technik, Musik, Games, Filme, und natürlich – für die Männer – Auto und Motorrad, anstelle von alledem das Kontrastprogramm. Für ihn. Aber auch für sie. Ich starre auf die *Empfangsdame* der Site im linken oberen Eck. Ihr fliegendes, feuerrotes Haar. Ihr eines zum koketten Zwinkern zugedrücktes Auge. Ihre spindeldürren, abgespreizten Finger. Ihre nackten, prallen Dinger mit den abspringenden Warzen, die dir sofort im Profil entgegenhüpfen wie eine dieser Jumping-Jack-Springfiguren. Hüftabwärts endet der Körper, sitzt auf einem grauen Schildchen mit dem Namen der Site. Das alles wie die Momentaufnahme eines Comicstrips. So, als wäre alles, was dahinter, alles, wofür die Zeichnung steht, diese Verballhornung aus Comic und Strip, gar nicht ernst gemeint.

Ich starre auf diese … ja, was? Ikone? Sie verschwimmt mir vor Augen, den äußeren, und räumt den Blick frei für die inneren. Bilder wehen heran. Lachhafte zwei Wochen und ein paar Tage alte Bilder, als das alles begonnen hat. *Es.*

Ich sehe mich auf dem Bett liegen, im ersten Stockwerk des Hauses meines Vaters. Unschlüssig, was zu tun ist. Wohin mich das Leben treibt. Wohin ich das Leben treibe. Je nachdem. Sehe die Jahre vorüberfliegen. Zwei, drei Jahre wie im Turbowaschgang. Erst die Jahre der absoluten Strenge. Dann der Entschluss: Ich will Polizistin werden. Die Ausbildung? In Berlin.

Wow. Berlin. Zwei Jahre wie eine einzige große Explosion. Erst gar nichts. Dann alles. Das pralle Leben. Berlin empfängt mich mit offenen Armen. Was vorher strikt untersagt war, ist jetzt Programm. Geradezu Pflicht. Die Nächte in den Clubs. Mit 16 überall reinkommen, wo es nicht erlaubt ist. Weil so ein Polizeiausweis entscheidend hilft. Auch wenn du noch in der Ausbildung bist. Die vielen Clubs. Die vielen Stands im Gefolge. Fast ausnahmslos One Night. Fast ausnahmslos bedeutend ältere Männer. Ist es, weil mir ein Vater gefehlt hat über die Jahre? Ich weiß es nicht. Bloß, dass keiner von ihnen mir je etwas bedeutet hat. Nicht über den Moment hinaus.

Und dann, irgendwann, der Entschluss, die Polizeiausbildung sein zu lassen. Weil die Bilder des Ausblicks in mir übermächtig werden. Weil ich wieder diesen Alptraum vor Augen habe. Mich selbst. Mit fünfzig. Als Polizeimeisterin, was weiß denn ich. Und den immer selben Job. In der immer selben, biederen Kleinstadt mit seinen immer selben, gezirkelten Vorgärten und den immer selben, identen Fassaden. Wo immer. Wie immer. Aber auf jeden Fall: Ende Gelände.

All das sehe ich, während mir die Zeit erbarmungslos zwischen den Fingern zerläuft und ich die Minuten herunterzähle.

Tack. Tack. Tack.

Wieder Bilder von vor zwei Wochen. Zweieinhalb vielleicht. Ich sehe mich am Fenster meines Wohnzimmers stehen. Sitzen. Eine um die andere rauchend. Ich sehe das Gesicht meines Vaters. Die Enttäuschung, die darin geschrieben steht, weil ich die Ausbildung habe sausen lassen. Zugleich aber auch den Hoffnungsschimmer, weil ich wenigstens weitermache. In der Wirtschaftsschule, wo sie mich auch mitten im Schuljahr haben einsteigen lassen. Wegen meiner ansprechenden Noten zuvor.

Ich sehe Berlin. Das kunterbunte Leben, das ich dort zwei fantastische Jahre lang habe führen dürfen. Mein Dasein als Single mit Anschluss. Sehe sie schemenhaft herauftauchen, meine *Affären* für eine Nacht. Viele von ihnen so bedauernswert, dass sie ... ja, dass sie wenigstens dafür hätten bezahlen sollen. *Müssen.*

Ich sitze auf meinem Stuhl, blicke hinab auf mein brandneues Google-Handy, auf den knallorangen Balken der Startseite, sehe ihn vor meinen Augen fortwummern und sehe stattdessen mich. Sehe mich mit dem Fahrrad fahren. Nachhause vom Unterricht. Hinein in die Vorboten des Frühlings. Sehe die grelle, bunte Vielfalt, die ringsum erwacht. Die sprießenden Gräser und Blumen. Höre das muntere Gezwitscher der Vögel. Ein Erwachen überall, wohin die Sinne nur reichen.

Doch ich weiß, es ist ein Erwachen ohne mich.

Berlin. Ja. Das war das prall gefüllte Leben. Eines mit vielen Menschen. Mit Trubel an jeder Ecke. Mit der Spree, an der ich so gerne spazieren gegangen bin. Ein Leben mit vibrierender Großstadtluft. Und auch eines mit Sex. Viel Sex.

Und jetzt? Würde eine Beziehung etwas daran ändern? Würde sie Farbe in mein Grau bringen? Wenigstens dem Sex will ich nicht mir nix dir nix entsagen. Hallo? Ich bin 19. Und ich liebe das Leben. Aber hier? In der Kleinstadt? Und vor allem, ohne mich gleich fix binden zu müssen. Weil mir genau danach so gar nicht der Sinn steht. Keine zwei Monate, sage ich mir, und du bist das Gesprächsthema. Im Supermarkt an der Ecke. Von Gartenzaun zu Gartenzaun.

Zwangsläufig. Im doppelten Sinne.

Und den amtlichen Stempel, eine verfluchte Schlampe zu sein, kriegst du gratis obendrein. Während es bei Männern zumeist auch noch ein anerkennendes Schulterklopfen gibt. Nein, Therese. Das ist unzumutbar. Das willst du dir nicht antun. Dir nicht. Und deinem Vater zweimal nicht.

Also raus hier. Nichts wie weg.

Eine unduldsame Hast überfällt mich. Die letzten Meter bis zum Haus strample ich bei vollem Tempo. Runter vom Fahrrad. Ein fahriges Kramen in der Tasche nach dem Schlüssel. Rein. Die Stufen empor in die Wohnung. Eine Zigarette am Fenster. Eine zweite. Noch eine. Das beruhigt. Aber nur für den Augenblick. Danach rastloses Hin- und Herwälzen auf dem Bett. Dann: den Laptop aufklappen. Ordination Dr. Google. Und da stehen sie vor mir in der Suchleiste, diese beiden Begriffe:

Suche Sex.

Mehr als eine Million Seiten sind die Antwort. Und sie alle haben eines gemeinsam: Überall wird Sex gegen Geld angeboten. Bist du völlig verrückt geworden, Therese? Ich schlage den Laptop zu. Die Vorstellung, es mit einem wildfremden Mann zu tun, Sex gegen Geld zu haben, schnürt mir den Hals zusammen. Brechreiz kommt auf. Und mit ihm flattern sie alle heran, die Klassifikationen: Prostituierte. Hure. Nutte. Drecksschlampe.

Am Folgetag das gleiche Prozedere. Schon in der Schule packt mich eine kaum zu bezähmende Unrast. Abermals fliege ich auf dem Rad nachhause. Abermals die Stufen empor. Der Laptop liegt noch auf dem Bett. Wonach soll ich suchen? Ohne mich gleich in dieses Eck zu stellen?

Mit Sex Geld verdienen.

Ist das denn um einen Deut besser? Escort, denke ich laut, als ich auf den Begriff stoße, der mir bis dahin ein Fremdwort gewesen ist. Und auch jetzt, beim ersten Hinschauen, ein Buch mit tausend Siegeln ist.

Escort? Es handelt sich um Begleitagenturen, die Frauen und Männer für eine bestimmte Zeit gegen Geld vermitteln, lese ich. Also doch wieder Prostitution.

Abermals befällt mich Übelkeit. Nein, damit will ich mich nicht abfinden. Nicht mit dieser Bezeichnung. Ist es nicht gleichgültig, ob man Geld dafür bekommt oder nicht? Auf eine gewisse Weise? Schläfst du als Frau mit mehreren Männern innerhalb von kurzer Zeit, bist du ohnedies die Hure. Gehst du fremd, als Frau, bist du die Hure. Verlässt du einen Partner wegen eines anderen, bist du die Hure. Lehnst du einen ab, der dir nicht zu Gesicht steht, bist du es auch. Die Hure. Warum immer. Die Verwendung des Wortes ist inflationär, sage ich mir, und die Möglichkeiten, es über jemand nach Lust und Laune auszugießen, endlos. Eine innere Stimme sagt mir, dass das Blödsinn ist. Doch eine zweite, stärkere, sagt mir, dass es sich genau so verhält.

Warum also nicht gleich gegen Geld?

Dutzende, Aberdutzende Seiten besuche ich, studiere Agenturen, arbeite die Unterschiede heraus. Wäge Preise gegeneinander ab. Durchforste Foren. Erfahrungsberichte. Von Frauen wie Männern gleichermaßen. Ohne mir dessen überhaupt bewusst zu sein, kippe ich jählings in die Thematik. Bis der Kopf raucht.

Ein Bad muss her. Ehe ich ins dampfende Wasser gleite, glüht mein Körper bereits. Den Kopf im Nacken, fliegen mir die Gedanken zur Decke empor. Sie sind nicht frei. Sie sind gefangen von alledem, was ich gesehen habe. Von Eindrücken. Mutmaßungen. Hochtrabend und niederschmetternd zugleich.

Therese, was geht in dir vor? Dann wieder: Ist bezahlter Sex so grundlegend anders als unbezahlter? Kannst du das überhaupt? Kann dir etwas zustoßen?

Die Zeit in Berlin stieg in meiner Erinnerung hoch. Die vielen Stands. Wenigstens einige, in der Rückbeschau, ziemlich entbehrlich. Weil die Männer entweder grottenschlecht im Bett waren. Oder weil es so schnell ging, dass ich beim besten Willen nicht mehr beurteilen kann, ob sie nun gut waren oder nicht. Oder hätten gut sein können. Unter besseren Umständen. Und bei wieder anderen, denke ich, wäre es in der Tat besser gewesen, wenn sie wenigstens ... ja, wenn sie wenigstens dafür bezahlt hätten.

Ich blicke auf mein Google-Handy und sehe mich aus der Wanne steigen an diesem Abend. Sehe mich splitternackt vor den Spiegel hintreten. Meine Figur? Ziemlich normal wie ich befinde. Die Brüste? Nun ja, für mein Dafürhalten etwas zu klein geraten. Aber nicht um viel. Außerdem gibt es Einlagen. Die Knie hingegen sind entschieden zu dick. Du kannst eben nicht alles haben, Therese. Und dann, mit dem Urteil über meinen Körper, fälle ich auch eine Entscheidung: *Ich will es tun. Gegen Geld.*

Gegen alle Bedenken. Gegen jede Vernunft. Weil ich raus muss. Den Kopf durchsetzen, weil ich es so entschieden habe. Der typische Widder, der ich nun mal bin. Sagt Mama. Erneut klemme ich mich hinter den Laptop, recherchiere fieberhaft weiter. Bis ich auf jene in ihrem Auftreten eBay nachempfundene Seite stoße, die auch jetzt, hier, in der Schulbank, von meinem Handy zu mir emporblinkt mit ihrer so eingängigen Eingangsbotschaft:

Heute schon geseXt?

Vorne an der Tafel turnt der Lehrkörper von einer Seite zur anderen, kratzt mit kreischender Kreide Runen hin und faselt Entbehrliches. Von ... ja, wovon denn? Welche Stunde haben wir überhaupt? Englisch? BWL?

Aber ja doch. Rechnungswesen. *Non vitae sed scholae discimus.* So, oder so ähnlich. Nicht fürs Leben lernen wir, sondern für die Schule. Oder umgekehrt. Wer weiß das schon.

Das echte Leben, Leute, spielt sich anderswo ab. Vier Stunden, einundzwanzig Minuten und null Sekunden. Bei 700 stehen wir schon. 700 Euro! 20 Prozent ziehen sie dir ab. 20 Prozent von wieviel? 800? 1000? 1500? Minus 20 Prozent Provision ... das macht ... einen Haufen Kohle allemal für ein Mädchen, eine junge Frau von 19 Jahren. Ja, Leute, das nennt sich angewandtes Rechnungswesen.

Du musst nach Hause, Therese!

Tack. Tack. Tack.

Die Schlagworte aus Richtung Tafel erreichen mich nur noch schwach. Nichts dringt durch. Über allem schwebt der Gedanke: Welcher Teufel hat dich da geritten? Und mit dem Wort geritten hat mich die Site auch schon wieder eisenhart im Griff. Gleich an zweiter Stelle, inmitten der mit einem + markierten, angepriesenen Vorzüge, seine Haut (wenn schon) hier und nicht anderswo zu Markte zu tragen, gleich an zweiter Stelle also dieser Eintrag, der nach Reiten und Stall und Pferden klang.

+ KEINE Einstellgebühren für Standardauktion

Tack. Tack. Tack.

Vier Stunden, zwei Minuten und null Sekunden. Was für ein Irrsinn, Therese. Ach was, ist doch bloß eine Versteigerung wie auf ... und anstelle einer neuen (alten) Lampe, anstelle eines Sets kaum gebrauchter Schraubenzieher, eines Motorrads, eines Billardtischs erhältst du eben einen echten Menschen. Einen Mann, um präzise zu sein. Rückgaberecht? Return to sender? Nein. Betriebsanleitung? Garantie? Iwo. Worauf auch? Auf erfüllten Sex?

Oh nein, Therese. Nicht du erhältst den Mann. Er erhält dich. Nicht er wird frei Haus geliefert. Nicht er ist die Ware. Du bist es.

Alles nur wie bei eBay also?

Noch einmal, ein allerletztes Mal an diesem Mittag in der Wirtschaftsschule in Schönebeck, blicke ich zurück, sehe mich vor zwei Wochen. An diesem einen entscheidenden Tag. Ich spüre der Ernüchterung nach, die mich wie eine Horde wilder Tiere befallen hat, als ich mir das Wort vergegenwärtige, das wie ein Überbau dasteht: *Versteigerung*. Noch einmal empfinde ich die tiefe Scham, die mich dabei durchdrungen hat.

Auch sehe ich die geistige Waage mit ihren vielen Fürs und Widers mal nach der einen, mal nach der anderen Seite ausschlagen. Spüre dem Druck meines prallvollen Schädels nach. Der Erkenntnis, dass es sich hierbei um keine mathematische Gleichung handelt, die sich nach vorgefassten Parametern auflösen ließe. Ja, sogar dem Druck der Fingerkuppen spüre ich nach, als ich mich tatsächlich einlogge, als ich das Bild hochlade, das ich von mir gemacht habe, keck posierend, in den allerbesten Dessous, die der Schrank ausgespuckt hat: hauchdünne Nylons; ein Strapshalter, der die Hüfte ziert; ein BH mit Silikon-Einlagen. Alles in Schwarz gehalten.

Nickname meines Profils: Alessa.

Warum ausgerechnet Alessa? Ich weiß es nicht. Es klingt so exotisch. So italienisch. Später, viel später erst werde ich wissen, wofür Alessa steht, und es mutet geradezu absurd ab: die Verteidigerin, die Beschützerin.

Vor allem aber auch: *die Männer Abwehrende.*

Ja, du siehst verdammt sexy aus, denke ich. Ohne dass jemand weiß, wer du tatsächlich bist. Bloß kein Foto mit Gesicht. Bloß keines von den Tattoos, die dich verraten könnten. Was, wenn jemand am anderen Ende sitzt, der dich kennt? So gut kennt, dass er dich an Details identifizieren kann? Ein Freund? Ein Verwandter?

Endlich. Die Glocke nach der letzten Stunde. Endlich nachhause. Manches läuft nun wie in Trance. Dort, auf meinem Bett, den Laptop auf den Knien, kann ich den Blick kaum noch vom Display lösen. Die letzte Stunde verbringe ich überhaupt nur noch am Bildschirm. In fiebriger Erwartung. Ein dumpfes, fast rauschhaftes Hinwarten. Ab und an blitzen Nachrichten vor dem inneren Auge auf, die ich in den vergangenen zwei Wochen erhalten und beantwortet habe. Anfragen von Interessenten zu meiner Person. Dunkle Phasen. Helle Phasen. Insbesondere, wenn dein Wert aufs Neue gestiegen ist. Am Ende sogar von Minute zu Minute. Als hätte es, so kurz vor Schluss, dieser Wertsteigerungen bedurft, um ganz sicher zu gehen. Um nicht im letzten Moment doch noch aufzugeben. Nein. Längst ist das Fieber der Hinnahme einem Fieber der Jagd gewichen.

Und auf einmal, irgendwann am späten Nachmittag, fast unbemerkt, läuft der Countdown ab. Einfach so. Das Verfließen von Zeit ohne das Pochen der inneren Uhr. Wie ein Bächlein, das still im Nirgendwo versiegt.

Kein tack, tack, tack.

Beinahe unspektakulär. Aber vielleicht ist es auch so, weil mich die Stunden, Tage zuvor so unter Strom gesetzt, so ausgelaugt, mir so viel abverlangt haben, dass ich das Ende nicht mehr anders hinnehmen kann.

Die Auktion ist beendet, lese ich.

Also doch nur wie bei eBay?

Als Titel der ersten Versteigerung meiner selbst habe ich diesen gewählt: *Tausendundeine Nacht.* Weil mir das nach dem rechten Maß Verlockung geklungen hat. Nach einem Hauch Orient. Nach Scheherazade. Ohne gleich das volle Programm morgenländischer Erzählkunst heraufbeschwören zu wollen. Mit Tod und sonstigem Firlefanz.

Dafür mit Sultanen. Einem von ihnen würde ich demnächst, in ein paar Tagen schon, von Angesicht zu Angesicht gegenübertreten. Berlin wird es sein. Berlin. Aber wohl kaum mein Traummann. Dafür mein Bestbieter. Für exakt tausend Euro hat er den Zuschlag erhalten.

Tausend Euro für Alessa aus Tausendundeiner Nacht.

Alles wie bei eBay. Nur bedeutend krasser.

Es sind nur eine Handvoll Tage bis zu unserem Treffen. Sie verfliegen, getragen von dieser einen übergroßen, immer selben Frage, die im Hinterkopf pocht:

Wer ist er?

DER FÜNFTE MANN

Sein Name war Michael.

Wir hatten uns für Punkt 16 Uhr verabredet. Vor dem Eingang des Riverside Hotels. Ich hatte keine Augen dafür, was mich in den gut zwei Stunden im Zug von Schönebeck bis nach Berlin umgab. Alles kam und ging ungesehen, flog wie aus Glas an mir vorüber: Magdeburg mit seinem Dom und seiner Grünen Zitadelle, einem Hundertwasserhaus, und seinem Reiter. Dörfer, Äcker, Wiesen. Erwachende Landstriche. Desgleichen Brandenburg an der Havel mit seinem, ja, womit eigentlich?

Ich schaute ausschließlich in mich selbst hinein. Betrachtete meine Erwartungen. Das diffuse Bild, das ich von ihm hatte und das zu schärfen ich unentwegt versuchte. Ich kannte ein Bild vom Profil der Homepage, doch mehr als ein nicht allzu gut erkennbares Gesicht war da nicht. Der Mensch dahinter, der Schattenriss seiner Seele, war, was mir ernsthafte Sorgen bereitete auf der Fahrt in die Hauptstadt.

Dieser Michael bot sich mir (wie denn auch nicht?) als durch und durch Fremder dar. Ein blinder Fleck auf meiner

Landkarte. Ein Mann mit einem offenkundig fetten Bankkonto, von dem ich sonst genau nichts wusste.

Wirklich nichts?

Aber nein, Therese, sagte ich mir zur Beschwichtigung. Nicht nichts. Du weißt doch so viel. Du weißt, was er in seinen Nachrichten vorab von sich gegeben hat.

Nachrichten? Nichts als Worte.

Was, wenn er dir etwas antut? Was, wenn er dir Dinge abverlangt, die du unter keinen Umständen zu geben bereit bist? Stärker beruhigend, wie ein Sedativum, wogen da schon die Bewertungen über ihn im Netz. Michael war keineswegs ein Newcomer bei gesext.de. Und die Benotungen meiner *Vorgängerinnen* durchaus positiv, nein, geradezu schwärmerisch euphorisch. Fast hymnisch. Das half mir über die Stunden der Anreise einigermaßen hinweg.

Dann wieder, während meine Gedanken dem Zug nach Berlin in Lichtgeschwindigkeit vorausflogen, ruderten sie zwischendurch, kraftvoll und fordernd, zurück nach Schönebeck. Zurück zu Anna, der besten Freundin, zu ihrem Anruf vom Vorabend. Ich memorierte ihre so unbedarft freudige Stimme, als ich abhob und sie augenblicklich ins Handy rief: »Hallo, mein Schatz! Sehen wir uns heute noch?«

Und dann hörte ich mich sie anlügen. Nahezu schamlos. Zum allerersten Mal. Gerade sie, jenen Menschen, der meine Unaufrichtigkeit am allerwenigsten verdient hatte, der mir Wochenende um Wochenende ein Lächeln ins Antlitz zauberte, wenn wir uns sahen und was immer taten. Hauptsache wir. Hauptsache gemeinsam.

»Sorry, Süße«, schnurrte ich und blickte auf die Reisetasche, die ich soeben zu packen begonnen hatte. »Aber ich ersticke in Arbeit. Ich kann heute nicht.«

»Dann eben morgen«, rief sie.

Morgen wird es auch nicht spielen, sagte ich. Still. Bei mir. Morgen ist Samstag. Und morgen ist mein Date. In Berlin. Doch genau das vermochte ich ihr beim besten Willen nicht mitzuteilen. Ich würde auf Tauchstation gehen müssen.

Mein erster Weg vom Bahnhof Friedrichstraße führte mich an diesem Samstagnachmittag schnurstracks zur Weidendammer Brücke, Berlins drittältestem Brückenschlag im alten Zentrum: Schauplatz der hohen Literatur, unter Denkmalschutz, täglicher Knotenpunkt für Hunderttausende und all das. Mitten auf der Brücke blieb ich für einige Momente stehen und atmete tief ein. Sog die kühlenden Schwaden ein, die von der Spree zu mir emporstiegen. Dann erst weiter, die paar Schritte zum vereinbarten Treffpunkt.

Ich stand keine fünf Minuten vor dem Riverside, als ich die Stimme in meinem Rücken vernahm.

»Bist du Alessa?«

Ich fuhr herum und sah ihn da vor mir stehen, scannte ihn von oben bis unten. Mittelgroß. Mittelalt. Mittlere Statur. Mittelscheitel. Auf eine gewisse Weise war alles mittel an ihm. Dachte ich jedenfalls. Denn schon auf den zweiten Blick erwies dieser Michael sich als überaus charmant, kultiviert und gepflegt. Unaufdringliche Eleganz, nagelneue Jeans, ein sportliches Sakko, braune, leicht klobige Schuhe, die nach Maßanfertigung rochen.

Küsschen links, Küsschen rechts. Dann: »Möchtest du dein Gepäck nach oben bringen? Ich warte hier inzwischen solange. Wir haben alle Zeit der Welt.«

Hatten wir? Den Zimmerschlüssel in den Händen, betrat ich den Aufzug. Ja, ich war ihm dankbar dafür, dass er mir diese Momente unverlangt gönnte, mich allein nach oben fahren ließ. Nein, natürlich entsprach er nicht dem Idealbild, das ich von einem Mann hatte. Aber hatte ich überhaupt eines? Seine Unaufdringlichkeit von der ersten Minute weg behagte mir. Und was ich dann vier Etagen weiter oben zu sehen bekam, behagte mir noch mehr. Nein, es warf mich richtiggehend um.

Ein Zimmer, eine Luxury Suite, wie ich noch nie zuvor eine gesehen hatte, nahm mich in Empfang. Weitläufiger als die Wohnung vieler Leute. Mobiliar in gedämpften Farben. Ein riesiger Flachbildschirm. Ein Wasserbett. Eine freistehende, vergoldete Wanne. Desgleichen in dem riesigen Badezimmer: ein Jacuzzi, der nur darauf wartete, mich aufzunehmen, mich und meine Gänsehaut mit seinen Blubberbläschen zu umschmeicheln. Überwältigend auch der Blick von der großzügig angelegten Terrasse: direkt vor mir, unter mir, die heiß geliebte, meine heiß geliebte Spree. Ganz Berlin, hatte ich für einen Augenblick das Gefühl, lag mir unvermutet zu Füßen.

Wieder zurück, empfing mich Michael, der Charmeur. »Du bist noch hübscher, als ich vermutet habe«, sagte er. Ein Lächeln. Keine Spur von Selbstgefälligkeit darin. »Ein Drink?«

Es wurde ein Glas Wein in einer nahen Bar. Ein zweites. Es sei dies mein erstes Mal, gestand ich bald ein. Für jeden sei es irgendwann das erste Mal, erwiderte er. Ich müsse mich nicht sorgen. Er würde nichts verlangen, was ich nicht auch wollte. Und wenn ich mich am Ende entschlösse, gar nichts zu wollen, kein Problem.

Ein Schaudern durchflutete mich von Kopf bis Fuß. Erleichterung in seiner reinsten Form. Noch ein Schluck Wein. Noch einer. Aus dem stockenden Tröpfeln von einzelnen Worten, Phrasen wurde allmählich ein sanftes, fast geschmeidiges Gesprächsplätschern. Sein Job. Seine Beziehung. Warum er denn keine habe? Seine ersten Erfahrungen mit dem Ersteigern von Fra... diesbezüglich. Dann ich. Was mich dazu bewogen hätte.

»Ich brauche endlich wieder Farbe in meinem Leben«, hörte ich mich sagen.

»Farbe?« Michael sah mich verdutzt an.

»Ich habe das Gefühl, dass mir Sex fehlt.«

Er schwieg für einen Moment. »Kannst du den nicht jederzeit haben? Mit jedem, den du kriegen willst?«

Ich sprach von Schönebeck, der kleinen, biederen Stadt, in der ich wohnte. Den kleinen, biederen Leuten, die ich dort vermutete, kannte. Und dem Mangel an Anonymität. Ganz anders als hier in Berlin.

»Natürlich«, erwiderte er. »In Berlin ist vieles einfacher. Aber du hättest dich ebenso gut für Sex ohne Geld entscheiden können.«

Die Art wie seine graublauen Augen dabei in den meinen hingen, wie sie Antwort auf eine gar nicht gestellte Frage erhofften, machte mir Bange. Ein faustdicker Kloß belegte meinen Hals. »Vielleicht ... vielleicht brauche ich meine Unabhängigkeit wieder?«, sagte ich zögerlich.

»Und die erreichst du auf diese Art?«

Ich sprach von meinen zwei Jahren in Berlin. Vom Leben bei meinem Vater. Vom eigenen Geld, das ich erst hatte. Dann wieder nicht. Und von dem brennenden Wunsch, auf eigenen Beinen stehen zu können. Allein und fest.

»Apropos Geld«, sagte er. »Auf dem Bett wartet ein Kuvert auf dich.«

Ich weiß nicht mehr, ob es allein der viele Wein war. Oder schlicht die Erleichterung, mit einem Unbekannten so ungezwungen reden zu können. Oder die Mischung aus beidem. Jedenfalls sprudelte es von da an aus mir wie aus einem weit offen stehenden Ventil. Vieles, alles wollte hinaus. Nahezu ohne Widerstand. Das Einzige, was ebenso leicht und flutschend in mich hineinwollte, war der Wein. Und ein famoses Essen, zu dem er mich hinterher ausführte.

Später, viel später und bereits auf dem Weg zum Hotel fasste Michael mich unvermutet und fest am Arm, hielt inne. Ich sah ihn aus großen Augen an.

»Du bist viel zu schade dafür«, sagte er. »Ich habe schon viele Frauen getroffen. Aber du bist anders. Du bist nicht nur bildhübsch. Du bist auch intelligent. Du kannst alles erreichen. Du hast das hier nicht nötig.«

Ich lachte auf, spürte, dass ich betrunken war. Zugleich spürte ich aber auch, dass in diesem Augenblick etwas von mir abfiel. Eine Last. Dieses schmuddelige Image der Hure,

die ich nicht war, nicht sein wollte, oder das, was dieser Art
des Geldverdienens anhaftete. Hier Sex. Dort Money. Nicht
länger diesem Gefühl ausgeliefert zu sein, Ware eines mo-
dernen Sklavenmarktes zu sein. Begehrtes Objekt einer Reihe von anonymen Bietern, Gebietern zu sein, die weder dein
Gesicht kannten noch den Geist, der in dir schlummerte,
noch die Seele, nein, die einfach nur deinen Körper kannten und genau ihn wollten. Eine Sklavin, ja. Wenngleich ich
mich selbst dazu gemacht hatte.

Ohne dass ich es gewollt hätte, und ohne dass ich es hätte beeinflussen können, überwog ein spontanes Gefühl von
Euphorie ähnlich dem, als mein Wert in den letzten Stunden, Minuten der Versteigerung stieg und stieg: Ich fühlte
mich auf einmal wertvoll und überaus geschätzt. »Komm«,
sagte ich zu Michael. »Lass uns ins Hotel gehen. Lass uns
jetzt Tausendundeine Nacht verbringen.«

Den Sex hatte ich bis dahin nicht gehabt. Jenen Sex also, der
mit einem tiefen Gefühl jenseits des rein Körperlichen ein-
hergeht. Und den Sex hatte ich auch mit Michael nicht. Bald
schon würde ich ihn ein zweites Mal treffen. Wir würden
abermals eine Nacht zusammen verbringen. Ein ganzes Wochenende. In Berlin. Bei ihm. Mit fein Essen gehen im Felix.
Mit Abtanzen hinterher. Ohne Geld diesmal. Und auch ohne
Sex. Wie zwei Menschen, die auf andere Weise beglückende
Stunden verleben konnten.

Doch das wusste ich an jenem gleißenden Morgen, als
ich das Hotel verließ und hinaus in den Frühling trat, noch

nicht. Wie auch nicht, dass es bis dahin, bis zu dem Sex mit der ersten großen Liebe meines Lebens nicht mehr weithin sein sollte.

Was ich an diesem Morgen in Berlin nach dieser Nacht mit Michael definitiv wusste, war, dass die Farben um mich her, auf der Heimreise nach Schönebeck, beim Blick hinaus aus dem Zugfenster bedeutend kräftiger leuchteten. Und noch etwas wusste ich: Ich wollte es wieder tun.

*

Oops, I did it again.

Der Refrain des Songs, mit dem Britney Spears Jahre zuvor einen ihrer zahllosen Megahits gelandet hatte, wollte mir an jenem anderen, nächsten Morgen nicht aus dem Kopf gehen. Denn ja, auch ich hatte es wieder getan. Ein zweites Mal. Mit einem anderen Mann in einer anderen Stadt. Und bald schon ein drittes Mal. Und ein viertes. Innerhalb von nur zwei Monaten. Vielleicht drei.

Die eindrücklichste Erfahrung, die ich mit meinem ersten Höchstbieter Michael gemacht hatte, war jene: Man kann durchaus am nächsten Morgen neben einem Mann aufwachen und sogar gemeinsam mit ihm frühstücken. Das war Neuland für mich gewesen. Ich hatte niemals bei einem meiner One-Night-Stands aus den Berliner Clubs übernachtet und war dann wie ein richtiges Paar beim Frühstück mit ihnen gesessen, ausgenommen der Bewohner meiner biederen Kleinstadt, zu dem ich in jenen Tagen eine äußerst lose

Affäre unterhielt. Sein Status war dennoch ein besonderer: Er war mir zum Vertrauensmann herangewachsen. Mit ihm konnte ich ganz unverblümt reden.

Darüber.

Zu meinem Erstaunen verurteilte er mich nicht nur nicht, sondern fand solchen Gefallen an der Idee, dass er sich selbst zur Versteigerung anbot. Mit allerdings mäßigem, sprich: gar keinem Erfolg. Das lag keineswegs daran, dass er ausgesehen hätte wie Quasimodo. Oder Mickey Rourke nach dreißig Jahren Alkoholexzessen quer durch die Bars von ganz Hollywood. Oder ein männliches Pendant zu Jeannine Schiller. Mitnichten. Ich möchte ihn aus meiner Erinnerung als durchaus ansprechenden, attraktiven Mann bezeichnen. Doch es gab und gibt dafür schlichtweg keinen Markt. Wie es auch keine Bordelle für Frauen gab und gibt.

Ob ich es nun wollte oder nicht: Neben meinem (einzigen) *Vertrauensmann* in Schönebeck musste ich schon bald auch Anna ins Vertrauen ziehen. Der Rausch der ersten Versteigerung hatte etwas in Gang gesetzt, das die zweite, dritte und schließlich vierte in eine unbezähmbare Lust steigerte: Der Rausch des Ersteigertwerdens war in einen Rausch des Konsumierens gemündet. Ich wollte, nein: musste mir etwas Gutes tun.

Dieses Gute trug mehrere Namen. Gucci. KaDeWe. Louis Vuitton und andere. Wie Sarah J. Parker alias Carrie Bradshaw aus *Sex and the City* stolzierte ich, eine zunehmend sprachlosere Anna im Schlepptau, den Ku'damm in Berlin rauf und runter. Nichts war vor mir sicher. Und so blieb die

Frage der Fragen naturgemäß nicht aus. Die Frage nach dem Woher.

»Woher«, fragte also Anna, als auch die dritte Tasche prallgefüllt an meinem Arm hing, »woher hast du all das Geld?«

Ich wagte nicht, ihr in die Augen zu blicken, sagte es bloß vor mich hin. »Das wird nicht verraten.«

»Wie bitte?«

»Ich kann es dir nicht sagen.«

»Was heißt, du kannst es – bin ich nun deine beste Freundin, oder bin ich es nicht?!«

»Hast du nicht auch Geheimnisse? Vor mir?«

»Du weißt alles von mir«, brummte sie. Trotz und bittere Enttäuschung schwangen in ihrer Stimme.

»Lass uns ein andermal darüber –« Ich unterbrach mich selbst, musterte Anna von der Seite, während wir an einem weiteren Designerladen vorbeistolzierten. Ich sah ihre verhärteten Gesichtszüge, und da war mir klar, ich würde aus dieser Nummer nicht mehr rauskommen. Krampfhaft, auf dem Weg ins nächste Café, wo ich die Beichte abzulegen gedachte, suchte ich nach einer Eingebung. Doch die Erleuchtung einer schonenden Erklärung blieb aus. Erst Annas Versicherung, sie würde mir, was immer es sei, nicht den Kopf abreißen, löste mir die Zunge.

»Also gut, Anna«, sagte ich mit brüchiger Stimme. »Ich sage es frei heraus: Ich habe Sex gegen Geld.«

Stille. Nur das gedämpfte Klappern von Gabeln auf Kuchentellerchen und Kaffeetassen ringsum, und irgendwo weit hinten das Fauchen der Espressomaschine. Gefühlte zwei Stunden musste ich ihr alles auseinandersetzen. Bis ins Kleinste. Letztlich war meine Sorge, sie würde mich verdammen, unbegründet.

Sie versuchte gar nicht erst, es mir auszureden. Sie wusste um meine Unbeirrbarkeit, hatte ich mir etwas erstmal in den Kopf gesetzt, doch sie rang mir das Versprechen ab, beim nächsten Mal Bescheid zu geben, wohin es mich verschlug. Exakte Positionsangabe. Exakte Uhrzeit. Wie eine Art Versicherungspolizze für den Fall, dass etwas schieflief.

Dafür gab es auch allen Grund. Nicht aufgrund meiner Erfahrungen mit Nummer zwei und Nummer drei. Dafür umso mehr nach Nummer vier. Das Treffen lag erst wenige Tage zurück, und auch die fünfte Auktion steuerte bereits ihrem Ende entgegen. Sie sollte meine letzte sein. Und so trug sie auch eben diesen Titel:

Meine letzte Auktion. Ein Wochenende mit mir.

Den Namen von Nummer vier hatte ich da bereits verdrängt. Keineswegs jedoch die Umstände. Er hatte mich vom Hotel abgeholt, in einem klapperigen Mercedes, der beim Anfahren an jeder Kreuzung auseinanderzufallen drohte. Wir fuhren in seine Wohnung. Ein winziger Verschlag irgendwo in Nürnberg, gerammelt voll mit allerlei Zeugs. Wie die Bude eines Messies. Doch das wirklich Beunruhigende war die Erkenntnis, die mich erst in seinen vier Wänden ereilte, warum er nämlich vorab eine einzige Bedingung an mein Kommen geknüpft hatte: Ich sollte knallrote Stöckelschuhe tragen. Je höher die Absätze, desto besser.

Er war ein kleiner, wenig gepflegter, um nicht zu sagen widerwärtiger Mann Anfang fünfzig mit überproportional großen Augen. Die ganze Zeit über fasste er mich nicht ein einziges Mal an. Stattdessen verlangte er, was mir einen Schauder den Rücken rauf und runter jagte und einen zutiefst negativen Kick auslöste: Ich sollte, während er sich auf dem Boden vor mir krümmte, unablässig mit den Absätzen nach ihm treten. Mitten hinein in die Trias seiner Männlichkeit, sodass er vor Schmerzen gellend aufschrie.

Während ich den Wagen meines Vaters hinaus aus Berlin und zügig in Richtung meiner Heimatstadt lenkte, hielten Anna und ich Kriegsrat. Natürlich wusste mein Vater genau nichts darüber, wie ich meine Wochenenden zuletzt verbracht hatte. Er wähnte mich bei Anna, und daran, sagte ich, dürfe sich auch nichts ändern.

Zuhause schaffte ich es gerade noch, die Taschen mit den Designerfetzen im Schrank zu verstecken. Ich warf den Laptop an, um zu sehen, wie Meine letzte Auktion in die Zielgerade bog und überflog die Site mit routiniertem Blick. Wie schlafwandlerisch bewegte ich mich mittlerweile auf der Plattform. Ich kannte sie alle: die Gepflogenheiten der Bieter. Die Bodys der anderen jungen Frauen, meiner Kolleginnen. Ihre nach Aufmerksamkeit heischenden Sprüche, Werbetexte, mit denen sie auf ihren Profilen um das Augenmerk der anonymen Bieter ritterten, weg von den Konkurrentinnen und hin zu ihnen.

Da fanden sich Headlines wie diese, verfasst von einer Kollegin im gleich doppelten Sinne, schenkte man ihren Angaben Glauben, die jedoch, anders als ich, ihre Ausbildung für den Staatsdienst nicht abgebrochen hatte. Sie empfahl sich als *Die süßeste Bestrafung seit es Polizistinnen gibt.*

Oder auch der Titel: *Ode an die Weiblichkeit.*

Angepriesen wurde alles Erdenkliche und noch mehr: Rollenspiele, Begleitungen mit Tiefgang und Niveau, blonde Blödchen, Frauen mit Dackelblick, rechtzeitig vor Weihnachten (wie ich später einmal nachlesen sollte) ein geiler *Adventfick*, ein getragener Büstenhalter, eine Begleitung für den Swingerclub. Massagen. Was immer. Da das Bild eines gerade nicht restlos entblößten Oberkörpers von vorne, dort ein Bild aus der Vogelperspektive: Der Blick von hinten über die Schulter einer jungen Frau geworfen, die in Seidenunterwäsche am Herd stand und Spiegeleier (!) briet.

Ja, selbst die Aufgabe der Jungfräulichkeit wurde feilgeboten.

Jahre später würde mich ein abermaliger Blick auf die Site zusammenzucken lassen im Bewusstsein, mich selbst ebenfalls dort angepriesen zu haben, und aus heutiger Sicht erscheint es mir überhaupt *denkunmöglich*. Doch damals, an jenem Nachmittag im Mai 2009, war ich wie selbstverständlich ganz allein darauf fokussiert: *meine letzte Auktion.*

Sie lief nur noch wenige Minuten, ausgerechnet als Vater nachhause kam und den Kopf zur Türe hereinsteckte. Mehr aus Routine denn Interesse fragte er, ob ich, ob wir in Berlin erfolgreich gewesen wären. Auf unserer Schnäppchenjagd. Ich verneinte vorsichtshalber, ohne verräterisch in Richtung der Schranktüren zu starren. Er machte bereits Anstalten, wieder zu gehen, als ich sagte:»Können wir reden?«

Vater sah mich überrascht an. »Natürlich.«

Wir wechselten das Zimmer. »Ich werde«, hob ich schließlich an, zögerte, »ich werde in nächster Zeit nicht so oft Zuhause sein.«

»Ach nein?«

»Nein. Ich habe ein Jobangebot.«

Er kannte mich gut genug, um zu wissen, dass ich meinen Kopf in der Regel durchzusetzen pflegte. Ich wiederum kannte ihn gut genug, um zu wissen, worauf es ihm ankam. Die Schule durfte nicht zu kurz kommen. Nichts anderes zählte. Die Ausbildung, damit ich eines Tages doch noch etwas *Vernünftiges*, etwas *Solides* und *Sicheres* ansteuern könnte. Entsprach es auch nicht seinen insgeheim vorgefassten Plänen für mich. Dass ich ihm etwas Oberflächliches von einer Arbeit als Messehostess vorflunkerte, vom Verteilen von Werbematerial und Ähnlichem, schien Vater nur am Rande zu interessieren. Lief trotz Jobs am Wochenende in der Schule alles glatt, war seine Welt im Großen und Ganzen in Ordnung. Und meine in diesem Augenblick gewissermaßen auch, weil ich ihn nicht restlos anzulügen brauchte. Immerhin stimmte die Jobbeschreibung, die ich ihm gegeben hatte, in groben Zügen. Sie war genau genommen sogar zu präzise.

Messehostess. Man musste bloß die *Messe* weglassen.

Zurück im Schlafzimmer, sprang mir das schon vertraute Insert entgegen: *Die Auktion ist beendet.* Zwei Wochen später bestieg ich abermals einen Zug. Ein letztes Bahnticket, um es ein letztes Mal für Geld zu tun. Verhieß die Fahrt zu Michael, meinem ersten Höchstbieter, noch einen verhältnismäßig kleinen Abschied (vom alten Leben, alten Vorstellungen, alten Erfahrungen), so sollte diese Fahrt im Zeichen eines großen Abschieds stehen.

Nicht bloß, weil ich diesmal gleich acht Stunden in einem Abteil saß.

*

Ich hatte hoch gepokert bei meiner fünften und letzten Auktion.

Die Einträge der Mitbewerberinnen hatten mir vor allem gezeigt, wie man es nicht machte. Wie man sich *nicht* entscheidend von der Masse abhob. Also schaltete ich nicht einen, sondern gleich drei Gänge nach oben bei meiner Eigenbewerbung.

Ich hatte zu diesem Zweck zwei Versteigerungen parallel laufen, deren eine allein als Appetizer gedacht war. Die Chancen, jemand würde sie für bare Münze nehmen, waren in der Tat verschwindend gering: Auf den Tag genau ein Jahr lang würde ich, so mein Anbot, als Freundin an der Seite eines finanzkräftigen Mannes von Welt stehen. Eines finanzkräftigen Mannes, denn er würde mir nicht bloß einen Mercedes der S-Klasse mit allem Pipapo (circa 300.000 Euro) schenken, sondern obendrein ein Leben in Freude und zügellosem Luxus berappen müssen mit allem, was in den Augen eines Mädchens meines Alters dazugehörte. Summa summarum also eine schlappe halbe Million.

Abgerundet.

Für die Betreiber der Site wie auch manche Bieter mussten sich meine Vorstellungen wie eine lupenreine Diagnose gelesen haben. Doch alleiniges Ziel dieser natürlich zum Scheitern verurteilten Auktion war, auf meine zweite, ernstgemeinte aufmerksam zu machen. Mein erster PR-Gag, der voll einschlug. Schließlich war auch Stefan, wie er mir bald eingestand, genau dadurch auf mich gestoßen.

Schon die Wochen, da er noch aus dem Nirgendwo an einer fernen Tastatur um mich bot, hoben sich von denen anderer Auktionen ab. Mich faszinierten die Botschaften, die er zwischendurch in meine Richtung absetzte, persönliche Nachrichten, die jeder User ungesehen von anderen übermitteln konnte. Seine Art zu kommunizieren, sich auszudrücken, humorvoll zu sein. Auch schaltete ich ihm (was man selbst verfügen und auch jederzeit wieder zurücknehmen konnte) bereits während der Auktion Fotos von mir frei, auf denen er mein Gesicht sehen konnte. Empfehlenswert, wie ich indes wusste, war dieser Schritt nur bei Usern, die seit längerem auf der Plattform aktiv waren und auch entsprechende Bewertungen vorzuweisen hatten. Zudem bestand die Möglichkeit, vorab das Konterfei des Bietenden zu sehen zu bekommen, um auf Nummer sicher zu gehen, mit wem man es zu tun hatte. Vor allem, ob es nicht doch der Nachbar war. Oder der Papa.

Später, nachdem Stefan bereits das Rennen um mich gemacht hatte, waren wir in regelmäßigem Kontakt, ehe es zum ersten Treffen kam. Oftmals ausschweifende Telefonate überbrückten die Zeit, die von einer kaum zu zügelnden Neugierde meinerseits geprägt war, wie ich sie zuvor nicht erlebt hatte, und als ich ihn dann an jenem 28. Mai 2009 auf dem Bahnsteig des Wiener Westbahnhofs erstmals in natura zu Gesicht bekam, ihn aus der Menge herausblitzen sah wie einen Leuchtturm an einer fernen, dunklen Küste, war mir dieser Wildfremde auf eine seltsame Weise wohlvertraut.

Natürlich hatte ich mir auch über Stefan so meine Gedanken im Vorfeld gemacht. Mitunter, was Männer dazu anhielt, diesen Weg und nicht einfach ins Bordell zu gehen, wo sie ihre überbordenden Hormone bedeutend spontaner ruhigstellen, wo sie Sex um ein Vielfaches billiger haben konnten. Von allen bekam ich auf die eine oder andere Weise zu hören, es wäre unkompliziert. Auch würde keine Taxiuhr mitlaufen wie anderswo. Vordergründig mochte das in ihren Augen vielleicht stimmen, doch in Wahrheit, sagte ich mir, ging es um die Ausübung von Macht. Um das Beibehalten der schiefen Gesellschaftsebene, die am oberen Ende den fesselnden, einflussreichen, in jeder Hinsicht potenten Prinzen zeigte und am unteren das ihn bewundernde, gefügige, ja, was?

Männer, hatte ich außerdem gelernt, waren entschieden anhänglicher als wir Frauen. Bestimmt, sagte ich mir, erhofften sich die meisten Kunden solcher Plattformen bedeutend mehr als ein im Idealfall bezauberndes Wochenende mit grandiosem Sex. Warum sonst hätte Michael mich zu sich nachhause eingeladen? Obendrein barg der Versuch, eine Angebetete aus ihren Escort-Diensten freizukaufen, praktisch kein Risiko außer jenem einer Abfuhr. Andere wiederum ersparten sich auch das, da sie die Macht des Geldes sprechen und sich Frauen per Katalogentscheid aus Fernost kommen ließen. Im Milieu dagegen, mit seinen wenig zimperlichen Strippenziehern im Hintergrund, sah die Sache entschieden anders aus.

Stefan gab sich von Anfang an cool. Er gab mir die Unwiderstehlichkeit seines Wesens oder das, was er dafür hielt, auf charmante, doch jedenfalls bestimmte Weise zu verstehen. Er, der sich selbst als weitgehend emotionslos und gefühlskalt bezeichnen sollte. Er, der sich über alle Mitmenschen allein kraft seiner Existenz erhob, der sich seiner Raffinesse rühmte, da er doch jeden für einen Idioten ansah, der es anders machte als er (bloß: wie machte er es?), der also von montags bis freitags einer geregelten Arbeit nachging und sich dafür viel zu schlecht bezahlen ließ. Er hielt wenig von den Menschen, doch das stets mit einer gehörigen Portion Schmäh und Selbstverständnis, sodass ich es lange Zeit für sich stehen lassen würde.

Ja, er war ein Leuchtturm, dieser Stefan aus Wien. Ein Leuchtturm, baumlang, nicht ein Haar auf dem Kopf (an jenem Tag wenigstens, aus der Ferne besehen, denn tatsächlich schor er sich den Kopf meist auf eine Weise, dass ein kaum sichtbarer Flaum stehenblieb, wie von einem Küken). Und er war auch ein Leuchtturm in puncto verbesserungswürdigem Geschmack, was sein Äußeres betraf. Dennoch auf eine einnehmende Weise faszinierend. Er verstand es von der ersten Sekunde weg, jeden Zweifel an sich mit der größten Nonchalance vom Tisch zu fegen. Einer wie er dachte gar nicht erst daran, seine Defizite abzubauen, zu schmälern oder wenigstens zu kaschieren.

In der Hand einen alten, braunen Koffer, wie er hässlicher und klobiger kaum sein konnte, kletterte ich an jenem Maitag also aus dem Zug, schwamm mit der Menge ans Ende des Bahnsteiges und dachte schon, er hätte mich womöglich versetzt, weil ich ihn nirgendwo ausmachen konnte, als ich ihn aufblitzen sah. Sein Antlitz ähnelte dem seiner Fotos nur bedingt, sie waren nicht die allerbesten gewesen, und der erste Eindruck, wie er mit seinen gut eins neunzig dastand, lässig mit dem Handy in der Hand spielte, und seinen kräftigen, etwas gedrungenen Körper in Szene setzte wie auch seine markante Glatze, ließ mir diesen einen spontanen Gedanken einschießen: Der sieht aus wie ein typischer Russe.

Wenngleich ich mich im nächsten Augenblick fragte, wie denn ein typischer Russe aussah. Später jedoch sollte sich dieser Eindruck auf andere Weise mehrfach vertiefen. Sein unbeugsamer Hang zu Mädchen aus dem Osten, seine generelle Affinität für Osteuropa, seine nahezu perfekten Russischkenntnisse und insbesondere die notorische Geheimniskrämerei, die er zu jeder Zeit um seine Geschäfte betrieb. Doch soweit war ich da noch lange nicht.

»Willkommen in Wien«, sagte er mit breitem Lächeln.

Wir fuhren ins Hotel in der Innenstadt, das »Schick« am Parkring. In einem schnittigen Flitzer, einem M3. Stefan geleitete mich ins Zimmer, entschuldigte sich, weil er auf einen Sprung nachhause müsse, und zischte ab. Seltsam, hätte ich denken können. Doch ich war einfach nur überwältigt. Dieser Ausblick über den Dächern Wiens. Die Schönheit der Stadt, schon das Wenige, das ich bis dahin zu sehen bekommen hatte, nahm mich in Beschlag. Dazu der Ausblick auf das, was da kommen mochte. Weniger unser sexuelles Abenteuer als vielmehr der Mensch, den ich hinter der Fassade freizulegen hoffte. Ich duschte, zog mein Blumenkleid an, trug mein damals langes, schwarzes Haar offen (ich wusste da schon, dass er verzopfte Frauen hasste, wenn sie also ihre Haarpracht zu einem Knäuel verunstalten, wie er es nannte) und trat hinaus auf die Terrasse meines Zimmers. Jedem einzelnen Sonnenstrahl spürte ich nach, und die Unruhe, die mich eben noch fest im Griff gehabt hatte, flog auf und davon.

Stefan rief an. Er wollte mich vor dem Hotel abholen. Als ich auf die Straße trat, hupte es. Einmal. Ein zweites Mal. Erst da begriff ich. Und für einen Moment kam Pretty Woman-Stimmung in mir auf, als ich ihn angeritten kommen sah. In einem Cabrio. Einem silbernen Aston Martin. Bloß von der Eleganz eines Richard Gere war er nach wie vor meilenweit entfernt. Er lege keinen Wert darauf, würde er irgendwann einmal sagen, weil man mit Schönheit genau nichts erreichen könne. Er mache es mit seinem Intellekt. Er, der Doktor der Psychologie, obendrein studierter Jurist, und irgendwann einmal, wie er sagte, in grauer Vorzeit, in der Politik tätig. In Wahrheit, denke ich, war ihm bloß bewusst, dass an seiner Erscheinung nicht viel zu machen sein würde.

Ich lachte hell auf, als er neben mir hielt und den Wagenschlag von innen aufdrückte. »Der Herr hat wohl eine Schwäche für schöne Autos.«

»Und für schöne Frauen«, erwiderte er augenblicklich.

Wir fuhren ins *MAREDO* am Opernring. Perfekt gegrillte Steaks. Perfekte Weine. Ein erstes Gespräch.

»Bin ich tatsächlich dein letztes Date?«, fragte er mittendrin.

»Du meinst die Auktion? Ja, für den Augenblick wenigstens.« Er sah mich erstaunt an.

»Aber ich bin doch bestimmt nicht dein letztes, oder?«, fuhr ich fort.

Er grinste linkisch. Es sei nichts Besonderes für ihn, Frauen auf diese Weise zu bekommen. Er habe das wiederholte Male getan. Es sei in dem einen Moment lustig, und im nächsten schon wieder vergessen. Überhaupt wisse er gar nicht, mit wie vielen Frauen er schon Sex gehabt habe. Unverhohlener Stolz blitzte in Stefans stahlblauen Augen auf. Und da war er wieder, der feine Unterschied, egal ob Geld im Spiel war oder nicht: Männer, die vorgaben, ihre sexuellen Kontakte nicht mehr zählen zu können, waren Helden. Frauen Schlampen.

Auch wenn mir nicht eingehen wollte, warum er es dann tat, warum er auf diese Weise so viel Geld auf den Kopf stellte, wollte ich dem nichts entgegenhalten. Nicht für den Moment. Schließlich war auch ich eine (wenn auch blutjunge) Frau mit Geschichte.

Stefan hatte Jahre zuvor aufgehört zu rauchen. Dennoch bestand er darauf, hinterher, dass ich ihm Rauch in den Mund blies, wieder und wieder, während wir im Hotelbett lagen und uns unterhielten. Diesmal war nicht ich es, die das Frühstück am Morgen danach ausfallen ließ, sondern er. Er könne beim besten Willen nicht bleiben. Dass er nachhause zu seiner langjährigen Lebensgefährtin fuhr, die er beharrlich als seine Geschäftspartnerin und sonst nix ausgeben würde, bis ich ihm das Gegenteil bewiesen hatte, wusste ich da noch nicht.

Tags darauf war Sightseeing angesagt. Stefan zeigte mir sein Wien. Donauturm inklusive. Später ein feines Essen beim Mexikaner, eine abermalige Nacht ohne gemeinsames Frühstück, und der Heimflug nach Deutschland.

Bald schon stand ein zweites Treffen an. Diesmal für eine ganze Woche. Meinem Vater log ich etwas von einem Berufspraktikum vor, und in der Schule, wo ich eine Freistellung für die Zeit benötigte, zog ich ähnliche Register. Die Aussicht auf eine fixe Anstellung, die mir nach ein paar Tagen Probearbeiten winkte, überzeugte meine Klassenvorständin. Und in Ansätzen, dachte ich bei mir, stimmte das mit dem Job ja auch.

Das Angebot, das Stefan mir nach Verstreichen dieser famosen Woche in Wien unterbreitete, brachte mich ins Wanken: Er würde für alles aufkommen, zöge ich nur zu ihm nach Wien. Wohnung. Tägliches Leben. Was immer. Auch eine Arbeit würde er für mich besorgen. Alles kein Problem bei seinen Möglichkeiten.

Ich zögerte, stieg ins Flugzeug. Es war bizarr, doch ehe die Räder der Maschine deutschen Boden zu spüren bekamen, stand mein Entschluss fest: Ich wollte es tun. Ich wollte weg. Weniger zu ihm, sagte ich mir. Ich gedachte mehr meinem Instinkt zu folgen. Dem Lockruf der Freiheit, die er mir so unvermutet in Aussicht gestellt hatte. Einfach weg. Weg von den bedrückenden Aussichten meiner alten Heimat, die mir keine war.

Stattdessen hinaus in die Welt. Hinaus in die Stadt der Musik und des ewigen Habsburgergedenkens. Der Melange und der Melancholie. Der Mehlspeisen und der mürrischen Grundstimmung, die sich Schmäh nannte. Der Burenwürste und der panierten Fleischteile. Der Literaten. Der Fiaker. Der Heurigen. Und weiß Gott welche Klischees mir sonst noch durch den Kopf schossen, als ich keine zwei Wochen später in Stefans Wagen stieg und einem leeren Hauseingang in Schönebeck in der vormaligen DDR Lebewohl sagte.

Bizarr, dass ausgerechnet ER es sein würde: meine erste große Liebe. Auch wenn ich das zu diesem Zeitpunkt weder so empfand, noch die bloße Möglichkeit eingestanden hätte, weil ich allein die raue Luft des Abenteuers witterte, wittern wollte. Mich unsterblich verlieben? In ihn?

Niemals.

Doch nicht in diesen um 28 Jahre älteren Mann mit dem Bauchansatz, mit dem ausgeprägten Sinn für das miserabelste Outfit und dem rätselhaften, bisweilen undurchschaubaren Lebenswandel. Wiewohl mit einem doch erlesenen Geschmack fürs tägliche Leben. Für Essen. Für Weine.

Für Humor. Für Autos. Für Schmeicheleien, kurzum: für junge, weltgierige Frauen wie mich.

Bizarr auch, dass niemand gekommen war, um mich an diesem strahlenden Junitag 2009 zu verabschieden. Allen voran nicht mein Vater, der (wenn ich mich recht entsinne) lieber beim Golfen war anstatt zu sehen, wer dieser Prinz (oder doch Unhold?) sein mochte, der sein inzwischen 19 Jahre junges Töchterchen abholte und mitnahm in ein fremdes Land.

Andererseits, was hätte ich ihm auf Nachfrage auch sagen sollen? Dass ich seit Monaten am Wochenende zu Männern fuhr, die mich für Sex bezahlten, die alle in seinem Alter waren und deren letzter mich nun zu sich nahm? Ich sah ihn vom Sessel fallen, wenn ich es ihm in dieser Klarheit auseinandersetzte.

Also schwieg ich.

Ich stopfte meine persönliche Habe in ein paar Taschen und Koffer, zog die Türe hinter mir ins Schloss und ging allein die Stufen hinab vors Haus. Da stand er dann auch, in einem geborgten X5, ausnahmsweise mal keines seiner eigenen drei oder vier Autos, die er stets (wie Frauen auch) parallel laufen hatte: Stefan aus Wien. Der Elefant oder auch Fanti, wie ich ihn bald schon liebevoll nennen sollte.

Ich übersiedelte nach Wien.

DER MOTOR EIFERSUCHT

Würde.

Ich möchte dieses Wort diesem Abschnitt voranstellen. Wie ein Motto. Weil es für drei bewegte, bewegende Jahre steht, die mir voraus lagen und die mein Leben von Grund auf verändern sollten.

Würde.

Zum einen dreht es sich natürlich um das Äquivalent von Achtung. Um jene wertschätzende Haltung auf Augenhöhe, die man mir entgegenbrachte oder verwehrte, einem sexuell leidlich erfahrenen, darüber hinaus aber noch lernbedürftigen Mädel, dessen Herz für das Abenteuer gleichermaßen schlug wie für die Hoffnungen auf ein Plätzchen in der Welt. Auf ein Stück Zukunft, das keinesfalls auf dem Reißbrett vorkonstruiert sein und doch nicht auf ausschließlich tönernen Füßen stehen sollte. So mittendrin eben, garniert mit dem Faktor Spaß, Zweisamkeit und Aussicht auf Familie. Irgendwann mal. Natürlich ist diese Würde auch eng verknüpft mit der Haltung, die ich mir selbst gegenüber einnahm.

Und dann steht das Wörtchen für die Zusammenfassung eines Ausblicks, dafür, was ich in diesen drei langen Jahren in Wien alles (aus heutiger Sicht) an Absurditäten und Unglaublichkeiten auf mich nehmen oder selbst inszenieren *würde*, wie ich mich verändern, anpassen, unterwerfen und dann doch auflehnen *würde*, wie ich mich aufgeben und wiedergewinnen, wie ich mich erst restlos abhängig und dann, endlich, ein für alle Mal, unabhängig machen *würde*, um mein Leben, mittlerweile rasend und verrückt vor Eifersucht, in ausschließlich eigene Hände zu nehmen. Und sogar einen Beruf daraus zu machen.

Ich würde mit der befremdlich felsenfesten Überzeugung in eine fremde Stadt, ein fremdes Land ziehen, ins kleinste Detail zu wissen, worauf ich mich einließ. Weil er, Stefan, mir eingangs gesagt hatte (es war ein Donnerstag, ja, solche Dinge merken wir Frauen uns, und noch vieles mehr), weil er also betont hatte, in einer Langzeitbeziehung zu stehen, die ihm an den Wochenenden keine Zeit für mich einräume, ein Verhältnis, das er allerdings schon so gut wie beendet hätte oder zu beenden gedachte, ja, das zu führen er manchmal überhaupt gänzlich abstreiten sollte. Der Klassiker schlechthin, wenn Männer auf diesen rauschhaften Mix aus Gutgläubigkeit und Verliebtheit setzen, der uns Frauen beizeiten blind und beratungsimmun macht. Ich glaubte demnach zu wissen, was mich erwartete. Tatsächlich aber würde dieser überstürzte Wechsel nach Wien der sprichwörtliche Sprung ins eiskalte Wasser sein, bloß, dass ich den Boden dieses Gewässers in drei langen Jahren nie wirklich zu Gesicht bekommen würde.

Ich würde beginnen, mir allmählich Hoffnungen zu machen, nicht bloß (wie vereinbart) Stefans Liaison, sondern

Stefans Einzige und über alles Geliebte zu sein, zu werden, nicht bloß eine seiner Affären, obwohl ich insgeheim wusste, dass er immer schon nebenher was laufen gehabt hatte und haben würde.

Ich würde es als selbstverständlich hinnehmen, anfangs (immer noch naive 19), dass ich alle paar Monate die Wohnung wechseln musste. Mal im zweiten Bezirk. Mal im fünften. Mal im neunten. Mal im ersten. Dann wieder im dritten. Wie Tempelhüpfen mit klirrendem Schlüsselbund. Wobei es *Wohnung* nicht trifft, denn es handelte sich in Wahrheit stets um vormöblierte Appartements, die ein Vermögen kosteten und aus unbestimmten Gründen immer kurzfristig aufgegeben werden mussten. In einem Fall sogar gleichsam über Nacht, weil die Bleibe aus (mir bis heute) unerfindlichen Gründen zwangsversteigert wurde (und das zu einem Zeitpunkt, als ich bereits im fünften Monat schwanger war und in der Folge ins Hotel zog).

Ich würde natürlich rasch bemerken, dass sich in diesen *Wohnungen* nie auch nur ein persönliches Stück von Stefan befand, gerade so, als lebte er im permanenten Fluchtmodus, wohingegen dort, wo er tatsächlich wohnte (bei seiner Ex, die nie seine Ex war, wie ich eines Tages in Erfahrung bringen würde), die Regale geradezu übergingen vor Persönlichem, allem voran Motorzeitschriften.

Ich würde nicht wirklich ernsthaft hinterfragen, woher das viele Geld stammte, mit dem Stefan um sich warf. Schließlich finanzierte er mich ja nicht nur. Vielmehr erwies er sich als Bankomat mit Sprachsteuerung. Sagte ich:

»Ich brauche 500 Euro«, spuckte er sie im nächsten Moment aus. Oder zumindest noch am selben Tag. Kam meine Freundin Anna aus Deutschland zu Besuch und brauchte ich tausend für ein flottes Wochenende mit Shopping und allem Drumherum, bekam ich eben tausend. Irgendwann, schon gegen Ende hin, würde ich auch anfangen, diese Zahlungen als selbstverständlich anzusehen, als Anerkennung meiner Dienste (keinesfalls der rein sexuellen), sondern vielmehr als eine Abschlagszahlung, die ich mir redlich verdient hatte: ein Mix aus Schadenersatz und Schweigegeld.

Ich würde mir deshalb auch (zu Beginn) keinerlei Gedanken wegen eines Jobs machen, nicht ernsthaft, weil ich ohnedies ein fürstliches Auskommen hatte. Bei zwei- bis dreitausend Euro bar auf die Kralle jeden Monat und das Wohnen wie auch das gemeinsame Essengehen berappte er obendrein.

Auch würde ich seine kryptischen Andeutungen, es wäre besser für mich, wenig, nein: am besten gar nichts von seiner *Arbeit* zu wissen, wie ein ehernes Gesetz hinnehmen. Eine Zeitlang wenigstens. Ich würde mitbekommen, wie er alles (was immer dieses Alles war) auf seine *Geschäftspartnerin* Silvia übertrug (die bei einer Handelskette jobbte), weil er selbst Insolvenz anmeldete, doch weiterhin kräftig mit den fetten Scheinen wackelte.

Ich würde es ihm nicht übelnehmen, als er mir eingestand, mit einer jungen Russin, die ihn seit Jahren umschwirrte und es unausgesetzt tat, als ich bereits nach Wien gezogen war, *seit immer schon herumvögelte* (wie auch mit ihrer Schwester), er sie jedoch seiner *bloßen Geschäftspartnerin* Silvia gegenüber als seine Tochter ausgab.

Ja, ich würde sogar mitspielen, als diese Russin (sie war Anfang dreißig, arbeitete in einem Bordell in Moskau) mit ihrem Mann oder wem immer dastand und unsere Runde öfter bereicherte, als mir lieb sein konnte. Wie auch, dass er mich Silvia gegenüber von Anfang an als Tochter eines Bekannten ausgab und als Freundin eines wiederum anderen Bekannten, der dann auch tatsächlich immer wieder antanzte, um (mit mir Händchen haltend und Küsschen tauschend) Stefans Komödie einen seriösen Anstrich zu verpassen. Ob er sich dafür bezahlen ließ oder es aus Spaß an der Freude tat?

Keine Ahnung.

Ich würde gegen jede Vernunft bleiben. Und ich würde mich Natascha, seinem russischen Bumshäschen, trotzend entgegenstellen, indem ich ihr gegenüber meinen Platz behauptete. Unser Verhältnis war von Anfang an klar definiert, obwohl unausgesprochen: Wir beide wussten, wie die Häsin lief. Sie wusste, dass ich wusste, und ich wusste, dass sie wusste. Und wir beide wussten, dass Silvia keinesfalls wissen durfte. Mich hatte Silvia allerdings schon bald auf dem Radar, da sie Stefan ertappte, wie er mir eines Abends im Vorüberstreichen den Allerwertesten tätschelte. Nur im Fall von Natascha könnte ich mir vorstellen, dass Silvia bis heute keinen blassen Dunst hat. Andererseits gab sie vor (behauptete jedenfalls Stefan), seine Weibergeschichten machten ihr nichts aus, solange kein Gefühl im Spiel wäre.

Sei's drum.

Ich würde mit jedem Monat, der in diesem Schwebezustand verstrich, unruhiger werden und unwillkürlich beginnen, mir über meine Empfindungen klarwerden zu wollen. Ich würde mir meine Gefühle für Stefan einerseits zu vergegenwärtigen versuchen und sie andererseits mir selbst gegenüber verleugnen. Eine endgültige Antwort schob ich wie ein brennheißes Ungetüm vor mir her, nein: von mir weg. Um sie mir an jenem Abend dann selbst zu geben, da wir in größerer Runde bei einem Fest am Neusiedler See waren und sein vermeintliches Töchterchen die Stimme gegen ihn erhob, in seiner Gegenwart Abschätziges über ihn sagte und ich aufsprang und ihr mit aller Vehemenz ein Glas Weißwein ins Gesicht kippte. Weil ich das besudelte Ansehen eines Mannes reinzuwaschen gedachte, der doch bloß (offiziell) *der Freund meines Freundes* war, den ich doch gar nicht *liebte*, den zu lieben ich mir niemals hätte auch nur *vorstellen können*?

Ich würde aber auch noch eine beträchtliche Reihe anderer Verrücktheiten begehen, die ich heute bestenfalls als eine aus einer Vielzahl von unauslöschlichen Teiletappen meines Lebens betrachte und die mir in der Rückschau fast irreal erscheint, die damals jedoch nicht bloß eine unbedeutende Episode meines Lebens ausmachte, einen Zwischenhalt, den man (wie bei der Eisenbahn) wählen konnte oder nicht, sondern tatsächlich mein ganzes Leben *war*. Von A bis Z. Mit jeder Faser. Mit jedem einzelnen Atemzug.

Bis es mich fast in den Wahnsinn trieb.

Die allergrößte dieser Verrücktheiten war gewiss, dass ich eines Tages im Krankenzimmer eines Wiener Spitals erwachen würde, ohne jede Erinnerung wie ich dort hingekommen war, doch mit der Erkenntnis, was mich dorthin gebracht hatte: Tabletten. Kein ernsthaftes Sich-Verabschieden-Wollen, sondern ein gewaltiger Hilfeschrei, vielleicht auch an mich selbst, weil ich mich verloren hatte, weil die unbändige Kraft, die mich gewöhnlich auszeichnet, zur Gänze abgeflossen war und ich mich als eine von Selbstzweifeln zerfressene Hülle wiederfand.

Wieder und wieder würde ich mich von ihm einlullen lassen, seinen Beteuerungen Glauben schenken. Ich würde weiterhin den Traum einer Familie mit Hochzeit in Weiß träumen und das Wort Illusion geflissentlich beiseiteschieben, obwohl ich nur zu gut wusste, dass es ihm niemals um echte Liebe, sondern immer nur um Besitz ging, um das Spielen eines Spiels, darum, als Sieger vom Platz zu gehen.

Ich würde mich der nagenden Frage stellen, stellen müssen, wie er es wagen konnte, mir fremdzugehen. *Er mir.* Dieser um fast drei Jahrzehnte ältere Elefant mit dem wenig schmeichelhaften Aussehen betrog eine junge Frau in ihrer Blüte. Musste er sich nicht glücklich schätzen, eine so junge und obendrein doch recht hübsche Freundin zu haben? Die Hilflosigkeit, die damit einherging, fegte mein Kraftstoffreservoir im Affentempo leer. Gerade so als führe man mit einem Spritfresser immer Vollgas, sodass man der Nadel der Benzinuhr auf ihrem Weg gegen null zusehen konnte.

Ja, ich würde sogar noch weitergehen und Stefans Diffamierungen über mich ergehen lassen, ich hätte ihm unsere gemeinsame Tochter, die wir in einem Kuschelhotel in der Thermenregion im Einvernehmen eines gemeinsamen Wunsches gezeugt hatten und die 2012 zur Welt kommen sollte, untergeschoben.

Aber: Das Gift seiner Grundhaltung mir gegenüber tat seine Wirkung.

Tropfen um Tropfen sickerte es mir ins Bewusstsein, und so würde ich gegen jeden (vor allem eigenen) Widerstand erkennen, dass diese wachsende Verstrickung, diese wachsende Eifersucht, dieses geradezu explodierende Gefühl, dieser Irrglaube auch, ohne diesen Stefan nicht existieren zu können und ihn trotz alledem für mich allein haben zu wollen in einem einzigen, gemeinsamen Nest, wo ich auch unsere Tochter zu umhegen gedachte, dass all dies letztlich einen enormen Antrieb bedeutete. Stefans Kaltschnäuzigkeit, nein: Kälte gegen mein Bedürfnis nach Zweisamkeit erwies sich in Wahrheit als die entscheidende, mich vorwärts peitschende Kraft, um eines Tages dort zu stehen, wo ich nun stehe.

Stefan war mein Motor.

Oder das Gaspedal, das er voll durchtrat, dessen Kraftschub (wenn auch auf Umwegen und verzögert) aber bei mir landete.

Oder zumindest eine Tankfüllung mit Nitrotreibstoff.

Da hing ich also an ihm fest, diesem Musterbeispiel eines Mannes, der Frauen zu umgarnen und gefangen zu nehmen, sprich: für sich einzunehmen verstand und ihnen zugleich das Empfinden einimpfte, an allen Unbilden trügen immer nur sie selbst die Schuld. Ein Charmeur und Manipulant der Extraklasse, getreu dem altbekannten Motto, das man üblicherweise dem weiblichen Geschlecht zuspricht und das sich als Aufdruck von Taschen, Stickern, Shirts oder auf Pinterest wiederfindet: *Ich bin eine Frau. Ich kann machen, dass du denkst, du hättest es gewollt.*

Er gab aber auch das Musterbeispiel eines Mannes ab, der so hoch auf seinem Ross saß, dass er nicht hinabsah zu den Fallstricken eigener Eitelkeit und Selbstüberschätzung. Und dass er mit mir ein Liebchen an der Seite hatte, das allmählich anfing, eigene Wege zu gehen. Wenn auch zunächst im Verborgenen und mit überschaubarer Energie. Und bestimmt auch nicht aus eiskaltem Kalkül oder planerischem Weitblick, sondern aus einem impulsiven, tiefgehenden Bedürfnis nach Gerechtigkeit und Ausgleich. Ich gierte zunehmend danach zu wissen, woran ich war. Und ich gierte auch nach dem erneuten Besitz von Würde.

Würde. Einmal mehr.

Ja, ich würde zurückschlagen. Und es würde von Mal zu Mal gewiefter und effizienter geschehen. Mit einer Mischung aus Eins-und-eins-Zusammenzählen, den klassischen Waffen einer Frau und detektivischem Ehrgeiz, der da noch unerkannt in mir schlummerte, doch ans Licht drängte.

Ich würde selbstverständlich aus den Vollen der partner-schaftlichen Überwachungskunst schöpfen. Was man eben so kennt und tut. Das Überprüfen des Handys, sobald er du-schen ging. Oder schlief (wobei das Telefon immer clean war, soweit reichte also der Instinkt zur Vorsicht). Das Hin-ablaufen zum Wagen, um die letzten Ziele auf seinem Navi zu lesen, sobald er duschen ging. Oder schlief. Das Ausnut-zen seiner technischen Unfähigkeit, gepaart mit Dünkel und Unbekümmertheit, sprich: das Hantieren an seinem Laptop, sobald er duschen ging. Oder eben schlief. Natür-lich auch so Dinge wie das Deuten von Kratzspuren am Handrücken (Silvia hatte Katzen). All diese verhältnismä-ßig banalen Dinge.

Ferner würde ich seinen Mail-Account knacken. Ich wür-de mir Stefans in diesen Dingen sagenhafte Durchschau-barkeit zunutze machen, die er immer nur den anderen zusprach, auf die er so gerne und frei von Zurückhaltung hinabsah, und im Nu seine Sicherheitsfragen knacken. Sie hatten mit seiner Schwäche für Autos zu tun. Im Detail hieß das: Die Frage nach seinem ersten Wagen war rasch geklärt, ohne dass er mir je davon erzählt hätte, nach dem Aus-schlussprinzip, weil er die meisten Marken ohnedies nicht ausstehen konnte und auch kein Hehl daraus machte. Audi beispielsweise ging gar nicht. Schon beim dritten Versuch war ich mit dem Volvo drinnen, legte ein neues Passwort für seinen Account fest und staunte später an seiner Seite mit großen Augen mit ihm mit, als er nicht mehr ins Mail-system gelangen und es sich nicht erklären konnte. Einige

Male lief das bestens. Irgendwann reichte es mir und ich warf ihm mein erschlichenes Wissen geballt an den Kopf. Doch bis dahin hatte ich längst ausspioniert, was ich wissen musste.

Ich würde den Beweis antreten, dass nicht bloß ein gut geführtes Medienarchiv der Todfeind eines geschwätzigen, redenschwingenden Politikers ohne Langzeitgedächtnis sein konnte, sondern auch der SMS-Speicher einer Frau der Todfeind eines verlogenen Mannes. Ich würde die Arbeit auf mich nehmen (Zeit hatte ich ja ohne Ende), Hunderte, nein: bestimmt mehr als tausend Mails nach verräterischen Spuren zu durchforsten und mit Datum und Inhalt meines SMS-Verkehrs mit ihm und eigenen Kalendereinträgen abzugleichen. Und so würden Nachrichten und Attachments in krassem Widerspruch zu eigenem Wissen stehen und sein Kartenhaus der Erklärungen und Ausflüchte allmählich in sich zusammenstürzen: Reservierungen von Flügen und Hotels; die Buchung eines Urlaubs im Süden (der, oh Zufall, mit dem Geburtstag seiner Ex zusammenfiel); der Aidstest irgendeines Mädels; Tickets für die Fähre nach Venedig, Mietangebote und vieles mehr. Akribisch wie ein Buchhalter würde ich Eintrag um Eintrag übereinanderlegen, wie Schablonen, ganze Tage und Nächte darüber verbringen, bis es mir wie Schuppen von den Äuglein fiele.

Ich würde auch einen Bekannten zur Überschreitung seiner Kompetenzen überreden. Er arbeitete bei T-Mobile und nach einigem Zureden bekam ich, was ich wollte: die Verbindungsnachweise wie oft Stefan und Silvia miteinander sprachen.

Ich würde zudem, apropos Telefon, mein zweites, uraltes Handy zum Einsatz bringen, das ich damals immer noch hatte und auch heute noch bei mir trage. Eines dieser Nokia-Modelle zum Aufklappen, die über genau nichts verfügten außer der Kompetenz zu telefonieren. Die also so gut wie gar nichts über einen verrieten, ohne GPS-Signal und all den anderen Features, die uns zu gläsernen Menschen gemacht haben. Die gerade deshalb auch von Menschen mit verborgenen Absichten (zum Beispiel Dealern) gerne benutzt werden. Und die einen Heidenlärm machen, wenn sie anschlagen, und die Blicke der Menschen an einer Supermarktkasse auf einen ziehen, wenn man es hervorkramt und ans Ohr hält: Als würde beim Autosalon in Genf inmitten der Phalanx aus futuristischen Geschossen auf vier Rädern ein verbeulter Oldtimer auf die Bühne tuckern. Mit klappernden Kotflügeln, vibrierenden Rädern und einer Hupe wie von Tschitti Tschitti Bäng Bäng.

Genau dieses alte Nokia würde beste Dienste leisten, indem ich mein voll aufgeladenes iPhone auf lautlos stellte, die Aufnahmefunktion aktivierte und es ungesehen unter den Beifahrersitz von Stefans Wagen deponierte (einmal kurz am Knöchel gekratzt oder so). Nicht ohne die Nummer zuvor auf das Nokia umzuleiten. Nachdem ich immer für ihn erreichbar sein musste (im Gegensatz zu ihm für mich, weil er abtauchte und auch nicht abhob), er mich jedoch ausnahmslos am iPhone anrief, war ich auf der sicheren Seite. Ich war ja unter der ihm vertrauten Nummer erreichbar und konnte zugleich alles aufnehmen, was er beim Autofahren in meiner Abwesenheit sprach (auch, nein: vor allem mit seiner Silvia) und das Handy bequem bei der nächsten gemeinsamen Fahrt wieder einsammeln. Wieder am Knöchel gekratzt. Oder den Schuh gerichtet. Was immer. Die einzige Todsünde wäre gewesen, ihn während des Abhörmanövers vom Zweithandy anzurufen.

Aber wer, bitte, würde schon so blöd sein?

Des Weiteren würde ich erkennen, dass eine fortschreitende Schwangerschaft in einer Frau ganz besondere Kräfte freisetzte, unter anderem in puncto Zähigkeit bei der Überwachung des schamlosen Partners. Ich würde, hochschwanger, täglich viele Stunden, zwei Wochen lang, vor einem Mehrparteienhaus im zweiten Wiener Gemeindebezirk in bester Beschattermanier im Schutz spiegelnder Scheiben eines Mietwagens (car2go) ausharren, mitgebrachtes Essen futtern und den Blick unentwegt auf ein und dasselbe Objekt richten. Bloß um zu sehen, ob *er* dieses Haus irgendwann verließe oder nicht. Zwar hatte ich ihn dort schon einmal (rein zufällig, beim Geldabheben auf der Bank vis-à-vis) gesehen, als er aus der Garage gefahren kam, doch wollte, *musste* ich für mich den Zufall ausschließen und ihn ein zweites Mal dort ertappen.

Was letzten Endes auch geschah.

Ganz bald würde ich zudem nicht bloß wissen, wofür das Kürzel ZMR stand, sondern auch im Online-Umgang mit diesem *Zentralen Melderegister* versiert sein, um mit ein paar Clicks herauszufinden, was es nun mit der Wohnung auf sich hatte, die er Tage zuvor noch für uns beide entdeckt zu haben vorgab und deren Link er mir geschickt hatte: für uns, für die kleine Familie, die wir bald sein würden, weil die Geburt unserer Tochter unmittelbar bevorstand. Ein feines Plätzchen habe er ausgemacht, mit gelungener Raumaufteilung, einer ansprechenden Terrasse mit Blick über halb Wien, einem Fitnessstudio im Haus, einem Park gleich ums Eck et cetera. Ein, zwei Tage später würde ich mir sein Lamentieren anhören müssen, dass die Wohnung vergeben sei, bedauernswerterweise, ach, wie schade, und im ZMR würde ich nachlesen, an wen.

Hauptmieter, nein: Hauptmieter*in* war sie: Silvia.

Ausgestattet mit diesem vielen, akribisch zusammengetragenen Wissen, mit den Beweisen gegen ihn, die ich so dringend benötigt hatte, um mich zu lösen, und endlich auch in der unverrückbaren Erkenntnis, dass sich niemals etwas ändern, dass er sich niemals ändern würde, selbst nicht nach der Geburt, dass alles seinen gewohnten Gang, Stefans gewohnten und mir längst verhassten Gang gehen würde, zog ich einen Schlussstrich. Zudem waren wichtige Teile meiner Energie ohnedies bereits nach anderswo abgeflossen.

Ich hatte über die Jahre nach und nach ein Modell entworfen, das mir wie ein Leitfaden meiner näheren Zukunft vor Augen stand. Nein, als meine Tochter zur Welt kam, war es schon bedeutend mehr als das.

IGNORANZ, BEHARRLICHKEIT –
UND MEIN ERSTER FALL

Urquell des Argwohns.

Stefans gleichsam zweiter Vorname, den man getrost in
seine Geburtsurkunde eintragen könnte. Es schien auf dieser Welt keinen Grund zu Zweifel und Eifersucht und Misstrauen gegen ihn zu geben, den er nicht mit breiter Brust
geboten hätte. Und er verstand es, immer noch eins oben
drauf zu setzen.

Erste Bedenken an seiner *Lauterkeit* (sofern ich sie ihm
jemals zugesprochen hatte) keimten schon früh auf, und
bereits nach ein paar Monaten in Wien fing ich an, ein da
noch diffuses Bild meiner heutigen Agentur zu zeichnen.
Wenngleich halbherzig, schließlich war der Druck, den
ich verspürte, ein rein emotionaler, niemals ein finanzi-
eller, sodass ich mein Geschäftsmodell bereits vom ersten
Tag weg mit aller Energie und Konsequenz vorangetrieben
hätte.

Dennoch war er schon recht bald da, dieser immer tiefer verwurzelte, immer dringlichere Wunsch, den ich auch
im Innersten vieler anderer Menschen wähnte: zu wissen,

ob der andere es tatsächlich ehrlich mit einem meinte oder nicht. Wo sich doch die Hinweise auf Unehrlichkeit häuften und häuften.

In den Anfängen meiner Eifersucht fühlte auch ich mich ohnmächtig. Und ich wünschte, diese Agenden, die Wahrheit herauszubekommen, an jemand Dritten, jemand Unbeteiligten und Unparteiischen übertragen zu können. An jemand, der sich darauf verstand, fremde Gefühlswelten auf Herz und Nieren abzuklopfen. Der über einen geschulten, ungetrübten Blick verfügte, den man selbst kaum aufbringen konnte. Ein Jemand, der Klarheit schuf, ohne jemals Partei für die eine oder die andere Seite zu ergreifen.

Eine Stimme sagte mir, ich stünde mit diesem Bedürfnis gewiss nicht alleine da, und so wollte ich aus meiner Not der Ungewissheit eine Tugend machen. Doch nach kurzer Recherche lautete der ernüchternde Befund, dass man genau das in Österreich tat: alleine dastehen.

Zwar gab es die einschlägigen Detekteien, doch bei den üblichen Stundensätzen war das eine extrem kostspielige Angelegenheit. Untreue mittels Detektiv aufzudecken, war und ist natürlich auch heute noch möglich, doch in erster Linie eine Sache für dickere bis pralle Brieftaschen. Zudem lohnt der Einsatz eines Detektivs sich üblicherweise auch nur, wenn man konkrete Anhaltspunkte für die Untreue eines Partners hat. Stefans Geld, das er mir zusteckte, wollte ich dafür jedenfalls nicht aufwenden. Außerdem hätte es wohl kaum gereicht, und ihn um Zuschüsse zu bitten, damit ich ihn überwachen ließe ... nun ja.

Auch fragte ich mich, inwieweit Profischnüffler mit ganzen Herzen bei der Sache sein würden. Jedenfalls mit dem Maß Herzblut, das ich mir aus meiner eigenen Verletzlichkeit und Verletztheit heraus erwartete. Schließlich ergaben meine Erkundungen, dass die allermeisten Büros Ehebruch und ähnliches eher nebenher abwickelten. Ein vermehrtes Randgeschäft. Die Mehrzahl der Detekteien hatte sich über die Jahre anderen, bedeutend einträglicheren Einsatzfeldern zugewandt als dem Nachsetzen untreuer Männer oder Frauen, wie man es in alten Detektivklassikern im Fernsehen zu sehen bekommt. Überwiegend, wusste ich bald, waren sie im Bereich der Wirtschaft tätig, sei es in Sachen Betrug oder in Sachen Betriebsspionage. Natürlich wäre ich damals nicht im Traum auf die Idee verfallen, ich selbst könnte eines Tages mal eine maßgebliche Rolle in so einem Fall, ja Wirtschaftskrimi der oberen Liga spielen.

Doch dazu später. Ein Detektiv schied für mich demnach aus. Stefans Umtriebe machten mich mehr und mehr verrückt, und so brannte ich darauf, etwas gegen ihn in Händen zu halten. Schwarz auf weiß. Zugleich wuchs von Woche zu Woche, von Tag zu Tag das Verlangen nach professioneller Umsetzung, um diesen Service, den ich mir in eigener Sache vergeblich erhoffte, anderen Menschen anbieten zu können.

Stefan spielte bei meinen ersten Schritten hin zur Treuetesterin insofern eine besondere Rolle, da er gar keine spielte. Natürlich (welche Frau würde das nicht tun?) erzählte ich ihm davon, anfänglich ausschweifend und euphorisch, aus purer Freude an meiner ersten eigenen Geschäftsidee. Mehr als ein beiläufiges Brummeln bekam ich kaum zu hören. Was mir da immer konkreter im Sinn stand, juckte ihn nicht im Geringsten. Ganz getreu seiner innersten Überzeugung, Geld auf andere als seine Weise zu verdienen, Geld machen zu wollen, wäre der Beweis grenzenloser Idiotie. Er sagte mir das nicht ins Gesicht, doch er bekundete es durch kategorisches Desinteresse.

Und Stefan wäre nicht Stefan gewesen, hätte er in der Voreingenommenheit seiner selbst auch nur eine Sekunde lang einen Gedanken daran verschwendet, mein Interesse an der Materie könnte mit ihm zu tun haben, sich womöglich eines Tages gegen ihn wenden. Monsieur ließ das süße Dummerchen gewähren. Hilfreich war mir Stefan letzten Endes dann doch. Ungewollt. Denn seine konsequente Art des Täuschens und Verschleierns diente mir zum einen als Antrieb, und zum anderen als Vorbild.

Fündig auf meiner Suche nach Treuetestern wurde ich in Deutschland. Dort gab es bereits eine Handvoll kleinerer Agenturen, doch sie alle wiesen Defizite auf gegenüber dem allumfassenden Paket, das ich damals bereits vor Augen hatte und das ich später selbst noch um zahlreiche Komponenten erweitern würde. Außerdem boten sie ihre Leistungen für Österreich nicht an.

Ich nahm also Anleihe am Markt, studierte Angebote und Preise und ergänzte die Vorlagen um all das, was sich auf meinem Wunschzettel einer Treuetest-Agentur befand. Eine Vielzahl von Ideen, die mir jedoch immer noch recht unstrukturiert und in keinerlei vernünftigem Verhältnis zueinander zu stehen schienen. Das Risiko meiner Geschäftsidee war jedenfalls überschaubar. Schließlich wollte ich kleine Brötchen backen und sehen, wie gut der Teig aufging. Ich wollte in Österreich beginnen. In meinem näheren Umfeld. In Wien. Und vielleicht Wien-Umgebung.

Völlig blank indes war ich, als es sozusagen um die Hardware meines Business ging, obwohl ich genau dafür erst recht wieder Software benötigte. Eine Homepage musste her. Ich kannte niemanden, der mir hätte zur Hand gehen können. Und jemand Fremden gegen Geld damit beauftragen? Nie und nimmer. Also tingelte ich in den nächsten Elektronikgroßmarkt und kehrte heim, ganz old fashioned, mit einer CD-ROM um 199 Euro.

Data Becker.

So groß die Verzweiflung am Anfang gewesen sein mochte (wer kennt das Gefühl nicht, auf der Suche nach professionellem, brauchbarem Rat im Netz heillos verlorenzugehen?) – ich zog meine erste Homepage im Alleingang durch. Wochenlang saß ich, suchte, fluchte, fand, folgte Tutorials, plante, verwarf, plante neu, verwarf wieder. Stundenlanges Texten, Einfügen von Bildern. Mein innerer verborgener Nerd brach sich Bahn, und das Greenhorn, das ich war, fand nach und nach Gefallen daran.

Weiter ging's im Text der Ahnungslosigkeit, was die Gründung einer eigenen Firma betraf. Gewerbeanmeldung? Keine Ahnung. Impressum? Keine Ahnung. Rechtliche Belange wie etwa Datenschutz? Noch weniger als keine Ahnung. Wie sollten sich die verschiedenen Tests, die ich mir zwischenzeitlich zurechtgelegt hatte, in ihrer Preisstruktur zueinander verhalten? Keine Ahnung.

Heute, Jahre danach, muss ich herzhaft lachen, entsinne ich mich dieser Wochen, Monate. Der fatalen Anfängerfehler, die natürlich auch mir unterliefen. Wie etwa der, einer Kundin, die ihren Ehemann schwer unter Verdacht hatte, die Rechnung an die gemeinsame Adresse zu schicken. Meine Freundin Anna jedenfalls behauptete standfest, ich hätte das getan. Oder aber nicht von Anfang an darauf zu bestehen, die Kommunikation zwischen Kunden und Agentur müsse ausschließlich auf Kanälen erfolgen, die niemand sonst einsehen kann. Etwa via eigens eingerichteter Mailadresse oder dergleichen. Diese Art von No-Gos, aus deren Schaden jeder klug werden muss. Und so erstellte auch ich schon bald meine eigenen Sites mit der gleichen Selbstverständlichkeit, mit der ein gelernter Koch am Herd steht. Heute bin ich in allen Belangen meines Geschäfts stets up to date.

Doch damals, Ende 2009?

Irgendwann war sie dann doch fertig, meine erste Homepage. Um ein Spottgeld erstand ich eine Domain: *www. treuetest-wien.at* Doch die nächste schwerwiegende Erkenntnis folgte auf den Fuß, auch sie meiner Blauäugigkeit geschuldet.

Marketing? Keine Ahnung.

Allerdings schritt der Reifeprozess an der Seite eines Mannes wie Stefan unermüdlich fort. In Riesenschritten noch dazu. Er und seine Umtriebe peitschten mich voran. Einmal mehr, nach der CD-ROM für die Homepage, entschied ich mich in puncto Werbung für die Variante Oldschool. Radiowerbung? In Zeitungen inserieren? Nein, alles viel zu teuer. Postkarten sollten es sein. Sie gedachte ich an ausgewählten Plätzen auszulegen.

Beidseitig bedruckte Postkarten.

Die Fotos als Eyecatcher zog ich mir von Vistaprint runter. Auf der Vorderseite die Ansicht einer bildhübschen Frau, dezenter Weichzeichner, sie liegend, zu sehen hüftaufwärts, der BH in strahlendem, von Sonnenlicht geflutetem Unschuldsweiß, die Augen geschlossen, das Antlitz mit einem empfänglichen Lächeln. Himmelwärts. Dorthin, wo (wie am Kopfende eines Bettes) das Gesicht eines jungen Mannes über ihr auftauchte. Dunkler Bürstenhaarschnitt, definierter Muskelansatz an den Armen. Dreitagebart. Mittig, im Freiraum zwischen den beiden sich nähernden Liebenden die Botschaft, auf die es ankam, gehalten in fetten Versalien:

TESTEN SIE DIE TREUE IHRES PARTNERS

Darunter, kleiner gesetzt, doch unübersehbar, das Eröffnungszuckerl schlechthin, mit dem ich Legionen misstrauischer Ehefrauen oder Bräute (und vielleicht sogar Männer) anzulocken hoffte:

45 % auf alle Dienstleistungen.

Die Rückseite war dem Ausbau meiner frischgebackenen Agentur gewidmet. Da war über der Ansicht einer zweiten Schönen (diesmal ohne Geliebten) zu lesen: *Bewirb dich und werde Lockvogel in der ersten Treuetest-Agentur Wiens!*

Schräg darunter der Text: *Du bist männlich. Weiblich. Offen & flirtfreudig? Dann bewirb dich jetzt und verdiene 40 % des Auftragsvolumens! Wir suchen immer wieder neue Gesichter.*

Abschließend, wie auf der Vorderseite, der Verweis auf die Homepage: *www.treuetest-wien.at*

Die Werbeplattformen, die ich auserkoren hatte, standen fest: Nagelstudios, Friseure, Massagestudios und dergleichen mehr. Im gesamten Stadtgebiet. Unzählige klapperte ich ab, weil ich dort meine (vor allem weibliche) Kundschaft witterte. Manche Betreiberinnen der Geschäfte zeigten sich erfreut, manche duldsam, manche mittelmäßig bis schwer irritiert. Ich wusste nicht, ob Akzeptanz oder Ablehnung mit der persönlichen Situation der zumeist Damen zu tun hatten, doch ich malte es mir da wie dort aus. Je nach Reaktion. Schließlich war der Verdacht eines Zusammenhangs nicht von der Hand zu weisen.

Irgendwann verfiel ich auch auf die (Schnaps-)Idee, in Bars nachzufragen. Die Reaktionen waren einhellig. Bald schon schoss es mir auch ein: Ja, wer saß denn schon gerne am Tresen, briet beim dritten Glas eine fremde Schönheit an in der Hoffnung auf einen Seitensprung (oder einen Märchenprinzen), dachte dabei mit nicht gerade bestem Gewissen an zuhause und hatte eine Postkarte vor sich liegen, die genau das thematisierte?

Nach der Ochsentour mit Auslegen von Karten quer durch Wien folgte das große Warten. Endlose Wochen zogen ins Land. Monate. Statt eines Feuerwerks spannender Liebesabenteuer anderer Leute, die ich mir insgeheim erhofft hatte, liefen die Tage wie gehabt: Stefan kam oder kam nicht. Stefan ging. Stefan ließ Geld da. Stefan führte mich zum Essen aus. Stefan tauchte ab. Liebend gerne hätte ich wenigstens gewusst, was sich im Hintergrund meiner Arbeit tat, sprich: wie viele Zugriffe es auf meine Homepage gab. Abermals musste ich mir eingestehen: *Therese, du hast keine Ahnung.*

Tools wie *Google Analytics* waren da noch spanische Dörfer für mich. Wie überhaupt alles, was ich für mein Geschäft tat, bei allem Bemühen auch mir selbst einigermaßen laienhaft und vage erschien. Was ich allerdings fix wusste, war: Der Sommer 2010 neigte sich seinem kalendarischen Ende zu, und ich hatte noch nicht einen verdammten Auftrag.

Zwar trudelten vereinzelte Mails aus der unendlichen See der Untreue herein, doch kein einziger Fisch schnappte so richtig nach dem Köder. Nur halbherzig. Bestenfalls wurde gezupft. Kurze Anfrage. Ausführliche Antwort. Nie wieder was gehört. Mehrmals dasselbe Spiel.

Nervenaufreibend.

Interessenten, die als Lockvogel anheuern wollten und es später auch taten, gab es zwar ziemlich bald, doch da war niemand, auf den ich sie hätte loslassen können. Außerdem musste ich erstmal selbst Erfahrung sammeln, erstmal selbst herausfinden, worauf es bei dem Job ankam. Ich konnte doch niemanden auf ein Schlachtfeld jagen, das mir selbst völlig fremd war. Zumal loderte da dieses Feuer in mir, stärker und stärker, das ein Herr namens Stefan tatkräftig befeuerte und einen Namen trug: detektivische Neugier.

Ende September kam Anna aus Magdeburg zu Besuch. Ich hatte ihr, weil knapp bei Kasse, den Flug bezahlt. Nein, natürlich war es Stefans Geld. Er zahlte auf meine Bitte hin den Flug. Er wusste dann, dass ich beschäftigt und in Gesellschaft meiner besten Freundin war, und erkaufte sich selbst gewissermaßen etwas Luft. Anna kam, gedachte, für zwei Wochen zu bleiben. Und mit ihr, nahezu zeitgleich, erreichte mich auch die Mail-Nachricht einer gewissen Frau Sabine D.

»Sehr geehrte Frau Kersten«, schrieb sie. »Ich habe das Gefühl, mein Mann neigt zur Untreue. Können Sie mir helfen?«

Neigt zur Untreue. Nun ja. Damit konnte ich nicht wirklich etwas anfangen. Viel mehr jedoch damit, dass Frau D. ernsthaftes Interesse an meinen Diensten bekundete. Anders als bei den bisherigen Strohfeuern, verebbte der Mailverkehr nicht in den anonymen Weiten des World Wide Web, sondern intensivierte sich im Gegenteil. Wurde persönlicher. Greifbarer. Konkreter. Ich hätte Luftsprünge machen können vor Begeisterung. Und gerade als Anna kam, war der erste, *mein* erster Auftrag in trockenen Tüchern.

»Es geht los, Süße«, rief ich. »Und du bist mit von der Partie.«

»Ich bin was?«

Anna wusste bis dahin nur peripher von meinen geschäftlichen Plänen. Sie war jedoch rasch Feuer und Flamme. Ich dachte an jenen schweren Tag zurück, da ich ihr meine Versteigerungen eingestehen musste. Daran, dass sie irgendwann darauf verfallen war, es ebenfalls tun zu wollen und dass ich enorme Energien darauf verwendet hatte, sie davon abzubringen.

So sehr ich ein knappes Jahr zuvor darum bemüht gewesen war, Anna von meinem Weg fernzuhalten, so sehr sehnte ich mich nun nach ihr an meiner Seite. Auf meinem neuen Weg. Ich brauchte sie. Nicht bloß als moralische Stütze. Sie sollte mir aktiv helfen, den ersten Fall zur vollen Zufriedenheit meiner Kundin abzuwickeln. Ihn zu einem vollen Erfolg zu machen.

Zufriedenheit? Erfolg?

Was waren das überhaupt für seltsame Parameter im Zusammenhang mit Untreue?

Die ganze Dimension dieser unermüdlich wiederkehrenden Fragestellung meines Berufs war mir an jenem spätsommerlichen Tag im September natürlich keinen Fingerbreit bewusst. Nicht als wir uns zu einem der Wiener Bahnhöfe aufmachten, nicht als wir, außer Plan, völlig abgehetzt in einen Zug springen sollten und uns bereits als Versagerinnen dastehen sahen.

Ebenso wenig bewusst war mir auch, worum es sich bei Untreue überhaupt handelte. Untreue abseits meiner Parameter, die mir natürlich wohlvertraut waren, aber nicht zählten. Erst viel später würde mir klarwerden, dass ich damit das erste von tausend und mehr Fenstern aufstieß, hinter denen die vielfältigen Gesichter der Untreue lauerten. Die vielen Grimassen der Untreue, die sich jedem Menschen anders darboten, die für jeden letztlich etwas anderes verhießen und andere Konsequenzen nach sich zogen. Mein erster Fall also als erster Markierungspunkt auf der Landkarte der Untreue.

Seither beschäftigt mich diese Frage Tag für Tag, und Tag für Tag bekomme ich zwischen den bereits gewohnten, weil immer gleichen Mustern doch auch immer neue, höchst erstaunliche Antworten auf die eine große Frage, auf die es keinesfalls die eine, allumfassende Antwort gibt:

Wo endet Treue, und wo beginnt Untreue?

Damals jedoch, an jenem Septembernachmittag, da es erstmals zur Sache ging, herrschte nur eines vor: das gnadenlose Jagdfieber in der Brust zweier aufgeregter Hühner mit Namen Anna und Therese.

Sie und ihr Mann hätten eine gemeinsame Tochter, vier Jahre alt, hatte Frau D. geschrieben. Seine Flirtbereitschaft wolle sie erkunden. Eine tiefe, innere Unruhe treibe sie dazu an. Und sie wolle wissen, ob er bereit wäre, mit einer jungen, hübschen Dame Telefonnummern zu tauschen. Weil sich eben die Gelegenheit ergab.

So mir nix dir nix.

Die Premiere schien denkbar einfach. Fehlerquote, soweit ich das vorab abschätzen konnte, gleich null. Ich solle sportlich auftreten, so die Vorgabe, und nach Möglichkeit natürlich (also nicht zur Dragqueen aufgeschminkt). Was sollte schon schiefgehen? Ich hatte Anna an meiner Seite, und darüber hinaus alle Einzelheiten, die ich benötigte:

Ein Foto des *Verdächtigen.* Eine Beschreibung der Kleidung, die er an diesem Tag tragen würde. Wann er auf welchem Bahnhof ankommen und wo er seinen Wagen gewohntermaßen parken würde, um zum Zug zu gehen. Ein Auto übrigens, über das Stefan einmal gesagt hatte, seine Existenz belege, dass die Konstrukteure einen Kniefall gemacht hätten vor Menschen, die sich über nichts einigen könnten. Nicht einmal über die Sitzordnung im Auto, weshalb sie zu dritt vorne sitzen müssten. Wie in der ersten Reihe, oben im Stockbus. Herausgekommen sei ein Wagen von gleich vielfacher, also multipler Hässlichkeit, der darum auch so heiße: Multipla.

Eine Stunde früher als nötig machten Anna und ich uns auf den Weg. Vier Augen hielten gebannt Ausschau nach einer nicht besonders schicken Familienkutsche in schmutzigem Himmelblau. Nichts. Allmählich wurden wir nervös, denn Frau D. hatte ihren Mann als überaus pünktlich beschrieben. Wenn er demnach seinen Zug erwischen wollte, müsste er eigentlich schon längst da sein. Außerdem brauchte ich, brauchten wir noch Zeit, um uns an ihn ranzumachen.

»Hat sie neue Infos geschickt?«, fragte Anna irgendwann hörbar nervös.

Ich checkte mein Handy. Nicht zum ersten Mal. »Nein«, stöhnte ich. »Was ist mit dem?«

Unsere Minuten, die wir für den *Angriff* haben würden, zerrannen uns zwischen den Fingern. Dann, wir hatten uns inzwischen die wildesten Räubergeschichten zu seinem Nichterscheinen zurechtgelegt, war er da. Vor unseren Augen sprang er aus dem Wagen und hielt zügig auf den Bahnhof zu.

Anna und ich hinterher. Wir wollten jedoch keinesfalls auffliegen, nicht schon beim ersten Einsatz. Also folgten wir in angemessenem Abstand. In angemessenem Tempo. Und dann war er weg.

»Verdammt«, fauchte Anna. »Wo ist er hin?« Wir waren fassungslos, doch wir hatten es tatsächlich geschafft, ihn im Gewühl aus den Augen zu verlieren.

Du hast alles und weißt, dass nichts schiefgehen kann und dann geht alles schief, und du hast nichts und weißt nichts.

Genauso verhielt es sich. Wir wussten nichts. Vor allem nicht, wo wir ihn nun suchen sollten. Um vielleicht doch noch ... notfalls im Zug. Aber in welchem? So weit reichte unser Auftrag gar nicht. Wir hätten ihn doch bereits vor dem Bahnhof abfangen sollen, jedenfalls vor dem Bahnsteig, ihn anreden und sehen, ob er ... *OmG.*

Ich sah die ultimative Blamage auf mich zurasen. Gleich zu Beginn meiner Karriere. Bis mir die Worte seiner Frau wieder ins Gedächtnis kamen. Er fährt immer um diese Zeit nachhause. Natürlich. Linz. Er fährt nach ... nein, ob direkt bis nach Linz, wusste ich nicht. Aber in Richtung Linz.

Wir liefen zum Schalter, erhielten die Auskunft, der nächste Zug nach Salzburg, also auch Linz, fahre in genau drei Minuten. Ich weiß nicht mehr wo, ich weiß nicht mehr wie, doch ich weiß, dass unsere Beine nur so dahinflogen zu diesem Bahnsteig mit welcher Nummer auch immer.

Der Zug hielt bereits, als wir die Stufen emporgekeucht kamen, und wir sahen uns mit einem Meer von wuselnden Pendlern konfrontiert, die offenbar nichts Besseres zu tun hatten, als alle in diesen einen Zug zu wollen. Auf und ab flogen unsere Augen den Bahnsteig, doch mehr als einen diffusen Wirrwarr von Köpfen bekamen sie nicht zu fassen. Massenweise drängten Menschen zu den Türen heraus, massenweise drängten sie hinein. Die Köpfe verschwammen nur so und wenn man weiß, dass das menschliche Gehirn in großen Menschenansammlungen ohnedies nur maximal zwei Gesichter zugleich zu erfassen vermag, ist die Aussichtslosigkeit, in der wir steckten, nachvollziehbar. Herrn D. da ausfindig zu machen, war ein Ding der Unmöglichkeit. Außerdem, was hätten wir in der Eile, so zwischen Bahnsteig und Zugtür, noch bewerkstelligen sollen?

Wir hatten keine Wahl. Ich fasste Anna bei der Hand und zog sie hinter mir her. Aufs Geratewohl sprangen wir in diesen Zug, ohne zu wissen, ob unsere *Zielperson* überhaupt mit an Bord sein würde. Züge Richtung Linz fuhren schließlich ständig. Mal hielten sie nur in den größten Bahnhöfen, mal auch in den kleineren. Je nach Definition. Warum sollte es ausgerechnet dieser sein?

Wir wussten nichts. Nicht, ob *er* da war. Nicht, wo der Zug das nächste Mal hielt. Nicht, ob wir ohne Ticket saftig Strafe bezahlen müssten oder doch eines zum Normaltarif beim Schaffner kaufen konnten. Das Ticketproblem war rasch gelöst, nicht aber unser bei weitem größeres: von Herrn D. weit und breit keine Spur.

Im letzten aller möglichen Wagen saß er. Um einige Kilos schwerer als auf dem Foto, das uns seine Frau geschickt hatte, vielleicht, weil sie ihn auch jetzt gerne so sähe, vielleicht aber auch, weil sie kein aktuelleres hatte. Jedenfalls sah er um einiges verändert, um einiges älter aus als die Anfang dreißig, die er war. Ich musterte ihn kurz. Das war er also, Frau D. Max, dessen uneingeschränkter Treue sie sich nicht mehr sicher war. Er hatte mittellanges, braunes, leicht verwirbeltes Haar, ein unscheinbares, doch durch und durch freundliches, rundes Gesicht und eine etwas zu groß geratene Nase, wie ich fand. Allerdings ging eine eigentümliche Ruhe von diesem Mann im knitterigen Geschäftslook aus. Er saß da und las, während ich, immer noch rasenden Herzens, drei Meter entfernt stand und überlegte.

Ich lief ein Stück zurück, weil Anna und ich uns bei der Suche aufgeteilt hatten, und kehrte wenig später mit ihr zurück. Max belegte allein eine Viererbank. Es konnte losgehen.

»Sind die Plätze noch frei?«

In theatralischer Dankbarkeit schnaufte ich auf, als er kurz hochsah und die Frage mit einem angedeuteten Lächeln quittierte, und ließ mich in den Sitz ihm gegenüber fallen. Anna mir zur Seite.

Allmählich kam ich zur Ruhe, doch ich spürte auch Annas Anspannung, wann ich wie ansetzen würde. Wie eine elektrisierende Haut überzog mich ihre Erwartung. Abermals musterte ich ihn, diesmal genauer und auf Augenhöhe. Bis mir der Titel seines Buches in die Augen stach, als er es für einen Moment etwas steiler gekippt hielt.

Liebe. Ein unordentliches Gefühl.

Max war tief versunken in Richard David Prechts Werk. Mein Gott, dachte ich. Was für ein Glück. Es war dies auch eines meiner Lieblingsbücher. Der perfekte Einstieg, um zu flirten.

»Ich störe Sie nur ungern«, sagte ich in seine Richtung. »Noch dazu bei der Lektüre dieses wunderbaren Buches, aber können Sie mir sagen, wie lange es noch bis St. Pölten ist?«

»Noch zwanzig Minuten«, sagte Max, ohne den Blick zu heben. Und auch ohne zuvor auf die Uhr gesehen zu haben. Die typische Zeitautomatik der inneren Uhr eines Pendlers, der immer wusste, wo er war. Selbst mit verbundenen Augen. Oder mit drei After-Work-Bierchen intus.

Uuhh, zwanzig Minuten.

Mir wurde schlagartig klar, dass wir nur Tickets bis St. Pölten gelöst hatten, dass wir also den Test nach Möglichkeit bis dahin in der Tasche haben sollten.

»Gefällt Ihnen das Buch?«, schoss ich augenblicklich nach.

Nun hob Max doch den Blick, sah mich unbedarft an. »Aber ja«, sagte er mit einem Lächeln. Einige Ansätze finde er bemerkenswert, andere Aspekte seien ihm aber bereits zuvor bekannt gewesen.

Ich lachte wie überrascht auf, dachte jedoch: Aha. Ein kleiner Experte also in Sachen Liebesliteratur. Interessant zu wissen wäre nun, welche Bereiche dieses Streifzugs durch Philosophie und Psychologie wie auch Soziologie und neueste Hirnforschung ihm neu waren. Und welche vertraut. Wusste er bereits, wie man zum feurigen Liebhaber wurde? Oder warum Männer nicht zuhören konnten? Griff er deshalb zu diesem Buch, weil er den herkömmlichen Ratgebern misstraute?

Für so viel Tiefe war allerdings keine Zeit. Ich entsann mich eines der Unterkapitel des Buches. »Und wie sieht es mit den Männerwünschen aus?«

»Spinnst du?«, zischelte Anna, stupste mich an der Schulter. »Du kannst doch einen fremden Herrn nicht solche Dinge fragen.«

Da lachte auch Max. »Das passt schon«, sagte er. Er blätterte nach vorn, hin zu dem Kapitel über die Wünsche, überflog es. »Mir war zum Beispiel nicht bekannt«, hob er nach kurzem an, »dass, also in Bezug auf den Mann«, er begann vorzulesen, »*dass die Produktion und die Verteilung von Sperma sein einziger Daseinsgrund ist.*« Ein Satz, den Prechtl übrigens selbst einem anderen Buch entnommen hatte, der aus The Fragile Man von Ben Greenstein stammte.

Anna und ich brachen in helles Gelächter aus. Nun war meine Chance besser denn je.

»Ist nicht genau dieser Satz die perfekte Ausrede für die Männer, untreu zu sein?«

Max musterte mich. »Ich halte nichts von Untreue«, sagte er schließlich trocken. Es passe nicht in sein Bild, einen Menschen zu verletzen, den man liebe. Und der einen auch lieben würde. Man solle sich doch trennen, bevor man fremdgehe.

Was er sagte, und wie er es sagte, klang in diesem Augenblick wie die ultimative Lösung für viele Beziehungen.

Aber eben bloß in der Theorie. Ich dachte daran, dass glückliche Beziehungen lange Zeit wie Gleichungen verliefen, die auf die eine richtige Lösung abzielten. Dass dann jedoch unerwartete Parameter hinzukämen und die ganze schöne Gleichung Treue beim Teufel sei. Und ich fragte mich auch, warum viele Paare den Maßstab Treue so riesenhaft anlegten, um sich letztlich nicht daran zu halten. Waren es nicht auch, nein: gerade die eigenen Maßstäbe, die so oft so große Enttäuschungen zeitigten und an denen viele zerbrachen?

»Haben Sie eine Frau?«, fragte ich Herrn Max.

In diesem Moment fingen seine Augen an zu leuchten. Wie die eines Kindes, da es im Schein von Kerzen und Sternspritzern einen ersten Blick auf die Geschenke unterm Baum erhascht. Max schwärmte drauflos. Von ihr, seiner Frau. Von ihr, seiner Tochter. Und aus jedem seiner Worte sprach aufrichtige Zuneigung.

Dennoch wollte ich nicht sofort klein beigeben. Die zwanzig Minuten waren fast vorüber, der Bahnhof so gut wie in Sichtweite.

»Es ist schön, mit Menschen wie Ihnen über solche Themen zu philosophieren«, sagte ich. »Vielleicht könnten wir das ja ein andermal fortsetzen? Wollen wir die Nummern tauschen?«

Max sah mich an, lächelte sanft. »Nein«, sagte er. »Belassen wir es dabei.« Und noch im selben Atemzug: »Wissen Sie, ich wäre auch nicht begeistert, würde meine Frau mit anderen Männern Nummern tauschen. Es würde mich verletzen.«

»Das verstehe ich nur allzu gut«, erwiderte ich. »Bleiben Sie bei Ihren Prinzipien.«

Wir verabschiedeten uns, sprangen in St. Pölten aus dem Zug. Einige Augenblicke lang starrten Anna und ich einander wortlos an, während der Zug wieder anfuhr. Mir entglitt der gemeinsame Gedanke schließlich als Erster.

»Wooooow!«

Noch auf der Rückfahrt nach Wien, stolz über die Abwicklung des ersten Auftrags, mehr aber noch beeindruckt von diesem unglaublich standhaften Mann, rief ich Frau D. an. Ich konnte die tonnenschwere Last von ihren Stimmbändern abfallen hören, als ich ihr Bericht erstattete. Ihr Mann, sagte ich resümierend, sei sich selbst bedingungslos treu. Darum könne er es auch ihr gegenüber sein.

Die Frage trieb mich einige Tage lang um. Was war dieser Max D.? Ein Heiliger? Was bedeutete das? Würde ich künftig ständig auf solche Ikonen der Standhaftigkeit stoßen? Oder hatte ich mir doch nur an der ruhmreichen Ausnahme die Zähne ausgebissen?

Antwort um Antwort würde ich schon bald erhalten. Denn meine winzige One-Woman-Agentur nahm Fahrt auf. Allmählich trudelten Aufträge herein, wenn auch in den Anfängen nur kleinere. Auch hatte ich mit Carmen meine erste professionelle Testerin nach Anna an Bord. Ich kannte sie aus dem *Club Couture*, einer Disco beim Donauzentrum in Wien, setzte sie bei einem Job ein, der sich um einen Boxtrainer drehte und in einem Fitnessclub spielte und war in loser Freundschaft mit ihr verbunden.

Wirklich los ging es dank einer anderen Woman. *Der* WO-
MAN. Der weithin beliebten Frauenzeitschrift, die sich bei
mir meldete und am 18. März 2011 ein erstes stattliches In-
terview brachte. Die Anfragen häuften sich sprunghaft, die
Medienauftritte taten es auch. Bald schon würde mir der
Ruf einer Expertin in Treuedingen oder eben Untreuedin-
gen vorauseilen, die ich irgendwann auch tatsächlich war
und die man gerne zu Rate zog, wenn es ums Thema ging.
Was konnte mir Besseres widerfahren?

Zug um Zug erweiterte ich die Agentur. Nahm mehr und
mehr Testerinnen und Tester auf. Erweiterte mein Einsatz-
gebiet erst auf ganz Österreich, dann auf Deutschland. Und
bot mehr und mehr Möglichkeiten an, die Treue des Partners abzuklopfen. Sei es über Chat auf Social Media, sprich
Facebook, *Instagram* und Co, sei es über SMS oder *WhatsApp*,
sei es über Mail, sei es über ein persönliches Treffen. Natürlich waren auch Kombinationen möglich, oft sogar sinnvoll,
wie wir noch sehen werden. Später kamen auch Tests in Sachen Spermaspuren und Vaterschaft hinzu. Und zuletzt, als
Küken gleichsam, *loyal-match.de*, ein Service, der Aufklärung
bringt, mit wem der Partner im Verborgenen schreibt, ob
nun per SMS, *WhatsApp* oder *iMessage*.

Die Fälle aus nunmehr acht Jahren Erfahrung, die ich Ihnen im Folgenden näherbringen möchte, sind keinesfalls
chronologisch geordnet. Und doch folgt die Anordnung einer inneren Logik, die einen möglichst breiten Querschnitt
bietet, die zugleich zusammenhält und weiterführt. Wie die
Zähne eines Getriebes von Rädern, die ineinandergreifen.

Sie berühren alle Bereiche menschlichen Zusammenseins, zeigen das gesamte Spektrum der Untreue: ob Blauäugigkeit oder Raffinesse, ob Gutmütigkeit oder Niedertracht, ob Schamhaftigkeit oder Unverfrorenheit. Bis zur absoluten Abscheulichkeit und Widerwärtigkeit. Aber natürlich spiegeln sich darin auch die positiven Seiten: sei es die Zuversicht, sei es das Ende der Ungewissheit, sei es die Hoffnung auf einen Neuanfang oder auch eine Wiederbelebung von Verlorengeglaubtem.

Alle Fälle sind ins Detail authentisch. Nur die Namen sind abgeändert und da, wo die Umstände eine Identifizierung ermöglichen würden, auch die Wohnorte, Berufe et cetera. Wie auch die Namen der Testerinnen und Tester, so es die Situation verlangt oder es ausdrücklich gewünscht wird. Diskretion ist auch in meinem Job oberstes Gebot wie bei den Pfarrern, Ärzten, Anwälten oder Psychotherapeuten. Von den Kernkompetenzen dieser Berufe schwingt auch in meinem viel mehr mit, als man auf den ersten Blick meinen möchte.

Einige Fälle mögen Ihnen wie Denkunmöglichkeiten im Leben eines normalen Menschen erscheinen. Doch was ist schon normal? Auch ich musste über die Jahre erfahren, dass stets viel mehr möglich als denkmöglich ist, dass also die Wirklichkeit die Fantasie immer zu überflügeln versteht.

Ich habe Ihnen ausführlich meinen ersten Fall geschildert, die Rührseligkeit dieses Mannes, der seiner Frau um jeden Preis treu zu sein gedachte. Was für einen Kontrast gibt da wohl der folgende ab, den ich zu den erschreckendsten, abstoßendsten meiner bisherigen Karriere zähle. Dass ein Mann die Existenz seiner Langzeitpartnerin überhaupt gleich zur Gänze leugnet, bloß, um zum Stich zu kommen, ist nur eine aus einer Reihe von Ungeheuerlichkeiten, die uns in eines von Deutschlands alten Bundesländern führen.

Noch ein letzter Satz vorneweg: Nicht immer sind die von meiner Agentur Überprüften jene, die uns den Atem stocken lassen vor lauter Durchtriebenheit oder was auch immer. Manchmal sind es auch die Auftraggeber.

DICK PICS – ODER: DAS ALTER
UND DAS SCHWEINIGELN

Was ist starker Tobak?

Aus Sicht einer jungen Frau, wie ich eine bin, ist es starker Tobak, wenn ein 64 Jahre alter Mann, der gut und gerne mein Opa sein könnte, unaufgefordert Fotos seines erigierten Penis verschickt (beinahe frisch, wie er meinte, weil *von gestern*) und zudem mächtiger Stolz in den beigefügten Botschaften mitschwingt. Für jene, denen das kein Begriff ist: *PicPick* ist der Name einer Bildbearbeitungssoftware für *Windows*, mit der sich Screenshots erstellen und im selben Programm bearbeiten lassen. Vieles ist möglich, bis zur Verpixelung, also dem Unkenntlichmachen bestimmter Ausschnitte. Derart bearbeitete und verschickte Bilder nennt man *Pick Pics*. Üblicherweise sind sie harmlosen Inhalts. Manchmal ist es aber nur ein Katzensprung hin zu den schweinischen Vertretern ihrer Klasse, den *Dick Pics*.

Aus Sicht einer bedeutend älteren Frau, die wenigstens meine Mutter sein könnte, ist es wohl starker Tobak, wenn ihr langjähriger Lebensgefährte, während er neben ihr am Pool oder im Bett liegt, womöglich nach dem gemeinsamen

Abendessen im Hotel oder vielleicht sogar nach einer *Nummer*, wenn dieser langjährige Lebensgefährte also (klammheimlich natürlich) via *WhatsApp* nicht nur in die Heimat an eine wildfremde Frau schreibt, er würde (schlimm genug) seine Partnerin ohnedies nicht mehr lieben, sondern, dass es diese Partnerin gar nicht erst gibt. Nie gegeben hat. Weil er doch mit zwei Freunden hier auf Urlaub sei.

Hier, in Südschweden.

*

Frau Brigitte K. hatte sich bei mir gemeldet. Telefonisch. Und nicht etwa in persönlicher Vorsprache, wie manchmal rund um das Thema Treuetest und Agenturen zu lesen ist. Wo der oder die Betrogene in einem lauschigen Büro mit endlosen Glasfronten empfangen wird, von einer Vorzimmerdame mit endlosen Beinen, oder einem durchtrainierten Body mit endlos verführerischem Lächeln. Ein Gläschen Champagner. Ein zweites. Und schon sinkt man in weiche Ledergarnituren und plaudert mit gelöster Zunge drauflos.

Munteres Partner-Bashing à la *Vorstadtweiber*.

Oh nein. Die Vorstellung allein ist mir ein Gräuel, gehe ich doch von eigenen Bedürfnissen, Sorgen, Ängsten, Nöten aus, wenn ich an meine Klientel denke. An die Hemmungen, die unweigerlich aufkommen, überhaupt erstmal diesen ersten, großen Schritt zu setzen. Sich mit seinen Bedenken nach außen zu wenden. Nicht an Freunde. Nicht an Verwandte. Oh nein, gleich an einen völlig fremden

Menschen. Die Vorbehalte kommen nicht von ungefähr. Schließlich scheuen sich viele davor, sich in Therapie zu begeben, so sehr sie es auch brauchen würden. In so einem Fall, denke ich, ist der weitgehend anonyme Weg per Mail wohl der beste, ehe weitere Maßnahmen folgen. Persönliche Treffen sind also in der Regel weder vorgesehen noch erwünscht.

So verhielt es sich auch im Fall von Frau K., als sie anrief. Sie wolle, sagte sie mit spürbarem Unbehagen in der Stimme, einen Treuetest durchführen. Über *Facebook*.

»Sie können den Test online bestellen«, gab ich zur Antwort. Geschäftsmäßig freundlich setzte ich ihr das übliche Prozedere auseinander. Nein, nicht Prozedere. Denn das klingt danach sich mühselig durch einen Formulardschungel zu kämpfen. Tatsächlich ist es ein klar strukturierter, leichtgängiger Ablauf, der die wichtigsten Informationen systematisch abfragt:

Neben persönlichen Daten des Auftraggebers und jenen der Testperson, sprich: des zu testenden Partners/Partnerin werden Angaben zu Beruf, Alter, Gewicht, Hobbys und dergleichen eingeholt, sodass sich ein erstes, grob umrissenes Bild der Testperson ergibt.

Von entscheidendem Interesse ist auch, welcher Typ von Mann/Frau sich ihr/ihm nähern sollte. Alter, Aussehen bis hin zu besonderen Fremdsprachenkenntnissen und anderes mehr. Sie könne überdies wählen, sagte ich Frau K., ob unsere (in diesem Fall) Testerin sich zuvor mit zwei oder drei *Facebook*-Freunden der Testperson anfreunden solle, was, wie ich ausführte, in jedem Fall empfehlenswert sei, weil derart eine gewisse Vorbeziehung simuliert würde, ehe die eigentliche Freundschaftsanfrage erfolge.

Ferner wies ich sie auf die Angabe einer Mail-Adresse hin, auf die niemand sonst Zugriff haben dürfe. Und ich klärte Frau K. am Telefon auch darüber auf, dass sie sich über das primäre Ziel des Tests zuvor eingehend Gedanken machen solle, ob also der Test bis zur Anbahnung eines persönlichen Treffens reichen solle, oder gleich zu einem Treffen. Je nach Wunsch. Sie würde jedenfalls den gesamten Chatverlauf als Screenshot erhalten.

Zeitnah wie es so schön hieß. Per Mail und nur in Ausnahmefällen (ein solcher sollte sich hier entwickeln) über andere Kanäle. Dies konnte manchmal binnen weniger Minuten erfolgen. Manchmal dauerte es auch die eine oder andere Stunde. Oder auch bis zum nächsten Tag. Je nachdem, ob es die Umstände erlaubten. Oder ob es Sinn machte. Nicht jedes Hin- und Hergeplänkel war sofort das Berichten wert, und in manchen Fällen musste man auch geduldig, ja geduldig sein können. Als Tester wie als Kunde.

Noch am Abend desselben Tages erhielt ich folgendes Schreiben von Frau K.:

»Sehr geehrte Frau Kersten,

... wenn man in der Situation ist, dass man sich der Ehrlichkeit und Treue seines Partners nicht mehr sicher ist, weil viele (allzu offensichtliche?) Dinge dies signalisieren, sind es die Zweifel an der eigenen Wahrnehmung, die einen tagtäglich belasten ... Die Idee, Gewissheit zu bekommen, ist sehr befreiend – wenn man denn den Schritt wagt und Kontakt aufnimmt ... Ihre Worte heute haben mir sehr viel Sicherheit gegeben ... dafür möchte ich mich herzlich bei Ihnen bedanken.

Freundliche Grüße,

Brigitte K.«

Die Sache war die: Sie und ihr Willi (Wilhelm) lebten seit Jahren von den jeweiligen Ehepartnern getrennt, ohne geschieden zu sein. Die Ex beider wüssten jedoch über die neuen Beziehungen Bescheid. Sprach Herr Willi also in aller Öffentlichkeit, etwa bei gemeinsamen Freunden, von seiner Frau, meinte er niemals seine Lebenspartnerin Brigitte, sondern eben: seine Frau.

Soweit Frau K. zu ihrem Status.

Und: Er, Willi, pflege eigenen Beteuerungen zufolge seit jeher nur rein freundschaftliche Beziehungen zu Frauen. Stets nur platonisch. Sollte eine mal Avancen machen und mehr wollen, würde er das sofort klarstellen. Aus Prinzip. So habe er das immer schon gehalten und er sei bestens damit gefahren.

Die Crux an diesen Freundschaften waren die drei vorgelagerten Buchstaben: *n u r*.

Tauchen sie, getarnt als Vorsilbe, doch als in Wahrheit fester Bestandteil des Wortes Freund auf, stinkt das Problem bereits zur Tür herein. *Nur Freunde*. Die Erfahrung zeigt, dass, je öfter dieses *Nur* zur Anwendung kommt und ausdrücklich betont wird, desto eher das genaue Gegenteil der Fall ist, dass also dieses *Nur* den schalen Beigeschmack von Leugnen zu Recht hat.

Viele *Nur*-Freundschaften enden, salopp gesagt, in der Kiste, und oft genug obendrein in Beziehungsdramen der Sonderklasse. Weil nämlich dieses *Nur* zwei Lebenswelten, die eine gewisse (doch nicht immer klar definierte) Grenze nicht überschreiten dürfen, die längste Zeit viel näher zueinander gebracht hat, als allen lieb sein sollte. Häufig geschieht dies heutzutage im Job, wo Frauen und Männer einander anders begegnen als früher, bedeutend mehr auf Augenhöhe, wo kollegiale Beziehungen und gemeinsame Interessen einerseits tolle Möglichkeiten im Sinne eines überfälligen gesellschaftlichen Fortschritts ergeben, bisweilen aber auch puren Sprengstoff.

Herrn Willis *Nur*-Frauen-Freundschaften stellten also auch meine Sensoren gleich mal auf Alarm. Was Frau K. am allermeisten unter den Nägeln brannte? Sie wollte wissen, ob er sich ohne zu zögern auf einen Flirt einließe. Ob er auf erotische Andeutungen reagiere oder selbst welche initiiere. Ob er Fotos von sich verschicken würde. Wenn ja, welche. Und, abschließend, ob er zu einem Treffen mit einer Frau bereit sei, die er nur virtuell kenne. Sie und Willi, schrieb Frau K., lebten in einer Fernbeziehung, sie sähen einander nur nach Absprache an den Wochenenden.

Wir vereinbarten den *Chat-Test*. Abwicklung innerhalb von zwei Wochen. Anzahl der Nachrichten individuell. Zum Einstieg keinesfalls eine Standardnachricht, sondern eine persönlich abgestimmte Botschaft, die nicht nach belanglosem Blabla schmeckte, sondern neugierig machte.

Anforderungsprofil der Kundin an die Testerin: attraktiv, Anfang bis Mitte fünfzig, ansprechende Figur, üppiger bis mächtiger Busen. Wenn möglich aus den neuen Bundesländern, mit Faible für Radfahren und Wandern in Deutschland und Österreich. Interesse an Politik wäre auch dienlich.

Die Kartei spuckte mir augenblicklich Anja als ideale Testerin aus. Neunundvierzig Jahre alt. Hübsch. Tolle Figur mit Kurven wie eine Schweizer Alpenpassstraße, schulterlanges, braunes Haar. 1,65 groß. Sie stammte aus Köln. Zu Willi nach Düsseldorf war es mit dem Wagen nicht mal eine Stunde.

Im Fall des Falles.

Ich kontaktierte Anja, gewann sie für den Auftrag, setzte sie über alles ins Bild. Sie solle keinesfalls übertriebene Eile an den Tag legen beim Umgarnen des Herrn Willi, um ihn (man wusste ja nie, wie ausgefuchst oder argwöhnisch er sein konnte) bloß nicht zu verprellen.

Zwei Tage später zwinkerten Willi und Anja einander bereits via Messenger eifrig zu. Es bedurfte gerade mal zweier Nachrichten von ihrer Seite, damit er die Telefonnummer verlangte. Er wolle quasi eine Etage höher weiterchatten. Auf *WhatsApp*.

Anja blockte ab. Sie habe kein *WhatsApp*.

Tatsächlich hatte sie Scheu, ihre Nummer preiszugeben, da sie freiberuflich tätig war, ihre Nummer im Netz zu finden war und ihre wahre Identität folglich leicht auszumachen. Herr Willi seinerseits ließ sich via Messenger nicht auf mehr als biederen Smalltalk ein. Trotz mehrmaliger Anläufe drohte der Kontakt zu versanden.

Frau K. erklärte sich einverstanden, das Medium zu wechseln und die überschaubaren Mehrkosten von 34 Euro zu tragen. Ich schickte Anja eine meiner Nummern, die ich eigens für diesen Zweck gekauft hatte. Wir vereinbarten, dass ich den *WhatsApp*-Test durchführen würde, allerdings mit ihrem Foto.

Und kaum hatte der 64 Jahre alte Herr Willi mit dem getönten Seitenscheitel und der Hornbrille Anjas Nummer und ein (echtes) Foto, das sie bereitgestellt hatte, gewann die Geschichte rasant an Tempo. Sein Willkommensgruß war ein *Hallo* mit einer nachgestellten Rose.

Gleich hinterdrein, ungebeten, ein Foto seiner selbst.

Bald schon sprach man über den Urlaub. Seinen Urlaub, der wenige Tage voraus lag. In der vorletzten Augustwoche. Nach Schweden sollte es gehen. Zwei Freunde und er. Rasch wurden die Nachrichten immer persönlicher, immer eindeutiger, immer andienender, immer schlüpfriger.

Beziehung? Nein. Er sei alleinstehend.

Zwei Stunden vor Abflug schickte Willi abermals Fotos von sich. Züchtige Brustbilder. Mal mit T-Shirt. Mal mit Hemd. Mal ohne, aber bloß bis zu den Schultern. Dann hebt die Maschine nach Schweden ab. Mit Willi und Friends an Bord. Tatsächlich also mit Frau Brigitte und Herrn Wilhelm.

Noch am Tag der Ankunft ein Bild mit einem Glas Bier in der Hand. Bereits an Tag zwei des Paarurlaubes flatterten überdeutliche Botschaften über die Ostsee in Richtung Süd-südwest. Teilweise im Halbminutentakt:

Anja   **Willi**

Bist du gut angekommen?
Ich musste gestern an dich denken,
als ich im Bett lag. ☺

                          Ja, bin gut angekommen … schön, das
                          freut mich. Hattest du Spaß dabei?
                          Hast du … m…?

Ja, hatte ich. Sogar großen.

                          Schön, dann freue ich
                          mich auf dich.
                          Tu es heute wieder!

Du willst das in die Tat umsetzen?

                          Ja.

Willst du zu mir kommen
oder ich zu dir?
Treffen wir uns in der Mitte?

                          Ja. Besprechen wir noch.
                          Sende mir mal ein besonderes Foto.
                          Bitte.

Mach ich gerne. Aber bekomme
ich dann auch eines?

                          Klar.

Herr Willi verschickt in der Sekunde ein Bild. Es zeigt seinen Un-
terleib, der Ausschnitt zwischen Nabel und Oberschenkelmitte wird
gewählt, sein bestes Stück ist notdürftig in einem weißen Ministring
gesichert. Zwischenzeitlich läuft auch die Kommunikation zwi-
schen Frau Brigitte und mir auf Hochtouren, ebenfalls – ausnahms-
weise – auf WhatsApp. Sie ist von ihrem Willi nur ein paar Schritte
entfernt.

Ich   **Frau K.**

                                                    Was schreibt er?
Schicke ich gleich.

Brigitte K. erhält einen Screenshot um den anderen, ist – nur um we-
nige Minuten versetzt – über alles im Bilde, hat mittlerweile auch
das Foto im Ministring auf dem Display.

                              Verstehe. Können Sie vielleicht noch fragen,
                              ob er sowas öfter macht … weil es so
                              schnell geht … und dass Sie das nicht
                              stören würde … oder irgendwie so in der Art.
                              Dann nur noch ein Datum und ich
                              habe alles, was ich wissen muss.

Ich gebe es eins zu eins an Herrn Willi weiter, schreibe ihm neuer-
lich als Anja.

Anja	Willi

Was möchtest du denn sehen?
Hast du so was schon öfters gemacht,
weil du so offen bist? Mich würde es
nicht stören, wenn es so wäre.

> Nicht oft.
> Muss passen.
> Ich möchte alles sehen.

Abermals meldet sich Brigitte K. bei mir, schreibt:

Ich	Frau K.

> Sitze ihm gerade gegenüber …
> und er beteuert mir all seine
> Zuneigung und Treue. Es ist so krass,
> wie leicht er lügen kann.

Jemand, der so schnell Bilder schickt, der die
Partnerin verleugnet, erotischen Nachrichten
nicht abgeneigt gegenübersteht und sich auch
treffen würde und das auch sexuell, der macht
das nicht zum ersten Mal.
Mir ist aufgefallen, dass er häufig online ist bei
WhatsApp.

> Sehr oft. Sehr lange.
> Das war ja der Auslöser für meine Bedenken …
> dann noch die ganzen Facebook-Damen

(alles nur geschäftlich
und frühere Bekannte …).

Haben Sie noch nie einen Blick in
seine Nachrichten geworfen?

Nein, er hat eine Sperre auf dem Handy
und achtet sehr darauf, dass ich nichts sehe.
Nur kommt ja der Guten-Morgen-Kuss
und anderes in einer Sammel-WhatsApp …
und das hab ich irgendwann gesehen
und ihn darauf angesprochen.
Sind wieder nur alte Bekannte,
mit denen er alles geklärt hat.

Wie Sie sehen, ist es nicht das erste Mal.
Ein Bauchgefühl täuscht einen nicht. Vertrauen
Sie auf sich, aber nicht auf diesen Mann.

Danke. Das mache ich.

Den Termin benötigen Sie noch?

Ja, bitte.

Wir haben jetzt 23 Nachrichten … ich will
eigentlich nicht, dass Sie noch mehr Geld
dafür ausgeben. Ich schaue darauf, alles
innerhalb von 7 Nachrichten zu klären.

Das ist es mir wert.
Aber wenn Sie das schaffen, auch prima.
Frage mich, wie Sie aus der Nummer
rauskommen … wenn es mehr Nachrichten
sind, ist das wirklich kein Problem. Dann
überweise ich nochmal was.

Kurz vor 18 Uhr. Essenszeit. Die Kommunikation erlischt, um andern-
tags, kurz vor Mittag, wieder voll aufzuflammen. Herr Willi urgiert. Er
will nun endlich ein scharfes Bild von Anja, endlich alles sehen.

Anja   **Willi**

Bist du bereit für mein Bild?

                                                        Klar. ☺☺

Ein pikantes Foto geht auf die Reise nach Stockholm. Große, sehr
große, nackte Brüste, nach Rücksprache mit meiner Testerin von
Google hochgeladen, von mir schwarzweiß entfärbt.

Darf ich auch mehr sehen?

                                                Ja … klar. Ich auch?

Nun folgt Herrn Willis bestes Stück ein zweites Mal. Ohne stoffliche
Bändigung. In voller Pracht. Erigiert. Frau K. wird wenig später bloß
ein »Unglaublich« entkommen.

Wow! Toll! ☺ Ist das von gerade?
Meine M… kannst du dann live erkunden. ☺

                                                    Von gestern.

Am nächsten Morgen, kurz nach neun Uhr:

Dein Bild war toll. ☺ Sehr erregend.
Sag mal, wer ist denn diese …

Anjas Neugierde wie es sich denn nun mit Herrn Willis zahllosen *Facebook*-Bekanntschaften verhalte, die mit ihren Posts an seiner Pinnwand verewigt seien, beschied er dieselben Ausreden, die er auch seiner (verleugneten) Partnerin gegenüber parat hatte: alles nur geschäftlich, alles nur platonisch. Wie zur Untermalung seiner emotionalen Festigkeit kamen ruhige Motive. Beschauliche Fotos schwedischer Seenlandschaften.

Zweieinhalb Wochen später, Willi und Friends längst zurück in der Heimat, war immer noch nicht Schluss. Fotos und Nachrichten waren in puncto Schärfe (sofern das überhaupt ging) nochmals um einen Dreh nach oben gefahren, und auch der Termin für ein Treffen wurde fixiert.

Brigitte K. hatte zu dieser Zeit kaum noch Worte für das Treiben ihres Wilhelms. Inzwischen waren auch einige seiner *Facebook*-Nur-Freundinnen online über ihn hergefallen, aber nicht nur über ihn, sondern auch Frau K. und unsere Testerin, weil Herrn Willi Fehler unterlaufen waren. Bei manchen, die seine Einzige zu sein vermeinten, war ruchbar geworden, wer und was dieser Willi tatsächlich war. Mitunter auch, dass er die Angewohnheit hatte, neben bestimmten Fotos auch bestimmte Teile seiner Kommunikation, die er für besonders gelungen und ansprechend hielt, mit copy and paste gleich vielfach zu verschicken.

Frau K. dürstete es trotz alledem nach einem letzten Beweis. Also wurde ein Treffen vereinbart. Auf halber Strecke zwischen Köln und Düsseldorf. In einem privat geführten, kleinen Hotel in Monheim am Rhein, einem Städtchen, das als Sehenswürdigkeit unter anderem einen Schelmenturm anzubieten hat. Was mir in Anbetracht des Plans, Herrn Willi dort vorzuführen, recht passend erschien. Und so wurde er an jenem eingetrübten Montagabend im September im sprichwörtlichen Regen stehengelassen, weil er natürlich allein zu dem erhofften Sexabenteuer erschienen war.

In seiner Eitelkeit schwer getroffen, fing er an, üble Botschaften in Richtung unserer Testerin abzusetzen, weil sie weder abhob noch seine Nachrichten beantwortete. Ihm sei, schrieb er schließlich, zuletzt ohnedies ihr merkwürdiges Verhalten aufgefallen. Er habe die längste Zeit gewusst, dass das nicht echt war. Ein Stakkato an Nachrichten, das er ihr mit auf die Reise gab:

»Wenn du das brauchst. / Ich gönne es dir ... / Ich denke, du bist irgendwo ... nicht ganz ... / Vielleicht aus Enttäuschung über die Männerwelt ... / Anja ... oder wie du heißt ... / Das nicht schön ... für dich ... / Du hast einen Schaden. / Vielleicht kann man ihn noch beheben ...«

*

Wie ging es nun weiter mit Frau K. und ihrem Prachtexemplar Herrn Willi? Ging es überhaupt weiter? Es gibt Fälle, wo Kunden von sich aus mitteilen, sie würden sich nun, noch am selben Tag, von ihrem Partner lossagen. Oder sie hätten es bereits getan.

Doch wer weiß?

Und so checke auch ich wie viele Firmen nach geraumer Zeit die Zufriedenheit. Schicke eine Vorlagennachricht aus. Darin taucht die Frage auf, ob unsere Arbeit die erhoffte Gewissheit gebracht habe. Ferner, ob die getestete Partnerschaft aufrecht sei oder nicht. Es ergeht mir da wie den allermeisten bei ihrer Nachbetreuung: Die Rückmeldungen sind spärlich, liegen bei circa fünf Prozent. Gerade im Fall von Untreue mit bisweilen traumatischen Auswirkungen ist nachträgliche Zurückhaltung doppelt verständlich.

Auch habe ich keinerlei Anrecht auf Information. Mein Job ist getan. Dennoch interessiert es mich, insbesondere, wenn ich mit meiner Kundin, meinem Kunden, manchmal aber auch mit dem oder der Getesteten bis zur letzten Minute mitgelitten habe.

Doch zurück zu Frau K. und Herrn Willi: Bis zur Drucklegung dieses Buches konnte ich nicht mit letzter Bestimmtheit sagen, ob sie die Konsequenzen gezogen und diesen unseligen Wilhelm ein für alle Mal zum Teufel gejagt hat. Wir hatten keinen Kontakt. Es schien mir jedoch wahrscheinlich, und ich wünschte es ihr auch von ganzem Herzen.

Mittlerweile weiß ich, wie es um die beiden steht. Denke ich an die Botschaften der jüngsten Vergangenheit zurück, läuft es mir kalt den Rücken runter. Ihr Plan, schrieb mir Frau K., wäre gewesen, Willi anlässlich ihres kürzlich begangenen Geburtstages den Laufpass zu geben. Als Geschenk an sich selbst. Doch habe er einen Tisch vorbereiten lassen, und dann seien auch noch Freunde unvermutet zu ihnen gestoßen, dazu der viele Wein, die späte Stunde, sie habe nicht mehr die Kraft aufgebracht. Hier Auszüge aus ihrer Nachricht:

»Sie sitzen jetzt wahrscheinlich kopfschüttelnd vor dem Handy, aber ich kann da irgendwie nicht raus aus meiner Haut. Ich möchte das so durchziehen, wie ich es mir vorstelle. Warum mir das so wichtig ist, kann ich nicht erklären, vielleicht weiß ich es hinterher. So war das aber immer schon bei mir ...«

Vielen Menschen ergeht es ähnlich, aus den unterschiedlichsten Gründen, die oftmals Gesichter der Abhängigkeit sind und natürlich auch aus purer Angst vor dem Alleinsein. Übrigens: Prachtstück Willi schreibt inzwischen wieder fleißig. Mit neuer Handynummer.

Nach Bestätigung durch Frau K., dass es sich um seine (zweite) Nummer handle, habe ich ihm alias Anja meine neue Nummer geschickt, über die zu kommunizieren ich bereit wäre. Tatsächlich ist dies eine Prepaidnummer, die Frau K. sich eigens dafür zugelegt hat. Jetzt schreibt sie ihm als Anja, und Herr Willi, scheint's, ist auch bereit, Anja ihren üblen Streich des Versetzens großmütig zu verzeihen. Die Sache ist also noch immer nicht ausgestanden und ich könnte nicht sagen, wo das Ende der Fahnenstange zu finden sein wird.

Was ich jedoch mit Sicherheit sagen kann, weil es durch meine Arbeit mittlerweile vielfach belegt ist: Die übelsten, schmierigsten Anmacher mit den oftmals widerwärtigsten

Praktiken und Gepflogenheiten sind ältere, nein: alte Männer (mit 27 darf ich das wohl sagen: alte).

Bei den Jungen hingegen sieht die Sache entschieden anders aus. Von einem massiven, keinesfalls auszugleichenden Übergewicht polygamer Tendenzen bei Männern kann längst nicht mehr die Rede sein. Gerade die moderne Frau um die dreißig ist, wie Studien weltweit belegen, in dieser Hinsicht stark im Kommen.

DIE LIZENZ ZUM FLIRTEN?

Malen Sie sich folgendes Szenario aus (oder denken Sie bloß zurück, wie es Ihnen damals ergangen ist. Oder vielleicht gerade ergeht?):

Es sind nur noch fünf Wochen hin. Nein, viereinhalb. Im Kleinen, dem Alltäglichen, spiegelt sich seit langem eine Ordnung wider, die nun auch im Großen festgeschrieben werden soll: gemeinsame Wohnung, wer weiß, ein Häuschen mit Garten. Gemeinsam angeschaffte Möbel. Allerlei Nippes gemeinsamer Urlaube auf einem Sims. Fotos der Zweisamkeit in schicken Rahmen an den Wänden. Alles an seinem festen, gemeinsam erarbeiteten Platz. Dazu die gemeinsamen Freunde. Ein gemeinsames Leben eben. Jetzt soll es, endlich, amtlich werden.

Längst ist das Aufgebot bestellt. Das Budget der Hochzeit steht fest und ist auf dem besten Wege, wie denn anders, gesprengt zu werden. Die Trauzeugen sind bestimmt. Die Einladungen gedruckt und verschickt. Die Musik für den Abend bestellt. Oder der DJ. Die Arrangements der Blumen ausgewählt. Termine für Standesamt und Kirche seit Monaten fixiert. Desgleichen die Örtlichkeit, wo bis in den

Morgen hinein gefeiert werden soll. Das Restaurant des Vertrauens.

In den buntesten Farben schillert der große Tag vor Augen. Und die Tage, Jahre hinterher tun es ebenso. Womöglich sogar ein Kind? Sie haben schon eines zusammen? Dann jedoch, als Mischung derselben Farbpalette, schleichen sich Grautöne in Ihr Gemälde. Erst lichte, aber zunehmend dunklere, zunehmend klarer konturierte Schatten. Das Wort einer fürsorglichen, vielleicht überbesorgten Mutter. Einer besten Freundin. Eines besten Freundes. Oder schlicht eigene Beobachtungen. Ungewollt aufgefrischte Erinnerungen. Ihr Entschluss, diesen Menschen zu heiraten, steht wie ein Baumriese vor Ihnen, den Sie in seiner ganzen Dimension nicht umfangen können. Und an seinem Stamm nagt, wie eine Schar unermüdlicher Biber: der Argwohn.

Sie denken daran, was erst vor kurzem war. Schon wieder. Kein halbes Jahr liegt es zurück. Und dann, kurz bevor der Koloss ins Kippen zu geraten und mit dumpfem Ächzen in den Fluss ihrer Zukunftsträume zu stürzen droht, erfasst Sie nichts als nackte Panik.

*

Herr Daniel F. aus Wien war von genau dieser Torschlusspanik der anderen Art gepackt worden, als er sich im Juni an mich wandte. Sabrina, seine Braut. Die Hochzeit stehe bevor. Bald? Sehr bald. Sie, Sabrina, blicke auf eine schwere, lieblose Kindheit zurück, sei auf Anerkennung von außen angewiesen. Bestimmt aus Mangel an Eigenliebe, wie er konstatierte. Im Unterton fast entschuldigend. Fazit: Sie flirte nicht bloß für ihr Leben gerne, nein, sie sei ihm im Laufe von fünf Jahren mehrfach fremdgegangen. Getrennt, sieben Monate, seien sie bereits gewesen. Und erst Anfang dieses Jahres habe es *wieder etwas gegeben.*

Wonach ihm war?

Herr Daniel wollte seiner Künftigen Glauben schenken, wollte ihren feurigen Schwüren erliegen, ihn niemals wieder zu hintergehen, ihren Beteuerungen, dass sie sich gebessert habe, geläutert sei. Doch noch mehr wollte Herr Daniel Gewissheit. Seine flatternden Nerven beruhigen wollte er. Seine womöglich doch ungerechtfertigten Sorgen besiegen. Das Scheitern eines kleinen Romeos sollte ihm diese Zweifel an Sabrina ausräumen. Dann könne er beruhigt aufs Standesamt.

Dieser Romeo hieß Markus. Ende dreißig. Smarter Typ mit braunem Kurzhaarschnitt, sportliche Figur, breites, offenes Lachen. So führte ich ihn in meiner Kartei.

Herr Daniel drängte, weil die Zeit drängte. Tester Markus (der wirklich perfekte Mann für diesen Job) hatte noch eine Woche Urlaub vor sich. Herr Daniel willigte ein. Wenn auch spürbar angespannt. Einsatzort: das Massagestudio seiner Braut (ob ich seinerzeit dort auch meine Karten ausgelegt hatte? Ich wusste es beim besten Willen nicht mehr, obwohl ich sonst über vieles Buch führe.).

An einem Mittwoch (mittwochs und freitags arbeitete Sabrina immer alleine im Studio) der erste Anlauf. Sabrina

(36 Jahre, mit 1,76 großgewachsen, dazu ein ausgesprochen hübsches Gesicht mit dezenten Sommersprossen, burschikoser Haarschnitt) war nicht da.

Der zweite Versuch, telefonisch einen Termin zu vereinbaren, klappte. In einer Woche. Vorher hatte sie nichts frei. Eine Energiemassage würde es werden.

»Sie hat mir davon erzählt«, schrieb Herr Daniel am Folgemorgen an *Die Treuetester.* »Jedoch mit Abneigung. Sehr interessant.«

Tester Markus leistete von Anfang an ganze Arbeit. Ein gewissenhafter Kollege, der über alles akribische Gedächtnisprotokolle anfertigte und mir umgehend zukommen ließ, sodass ich immer auf dem Laufenden war. Ob Gesagtes, Stimmungen, Gesten, persönliche Eindrücke. Er hatte die Gabe, alles lebhaft, eindrücklich und detailgetreu wiederzugeben.

Rasch entwickelte sich Vertrautheit zwischen Masseurin und Kunde. Rasch war man auch beim Du. Er erzählte, so nebenher zwischen Schulterblättern und Lendenwirbel, von der Scheidung, seiner vier Jahre alten Tochter, die er viel zu selten zu sehen bekomme. Und sie kamen auf Bücher zu sprechen (ja, die sind ähnlich gute Flirt-Anbahner wie Hunde beim Gassigehen).

Sie kamen auf Robert Betz zu sprechen, den Glücks-Guru.

Und vom Glück war es zur Treue nicht weit. Mit gewiefter Fragestellung suchte Sabrina Stück für Stück in Markus' Treuewelten vorzudringen. Wie er es prinzipiell damit halte und anderes mehr. Markus gab sich betont zurückhaltend mit seinen Antworten.

»Also gut«, sagte Sabrina schließlich. »Ich mache den Anfang. Bei mir ... bei mir ist es so, dass ich meinem Freund schon mehrmals fremdgegangen bin.«

Markus sah sie aus seinen großen, jadegrünen Augen an.

Sabrina lachte verlegen. Sie sei, fuhr sie unvermittelt fort, an einem Punkt angelangt, wo sie sich entscheiden müsse, ob ihr Partner auch der Richtige für sie sei. Sie empfinde große Liebe für ihn. Deshalb bestehe die Beziehung noch. Doch ihr Freund, bald Mann, könne Vergangenes nicht ruhen lassen. Deshalb ...

Markus unterfütterte Sabrinas Hadern und Zaudern durch gelegentliche Komplimente in ihre Richtung. Mit frisch betanktem Kraftreservoir verließ er das Massagestudio. Und mit der Überzeugung, diese Frau wäre bestimmt offen für mehr.

Nachdem er mein Protokoll studiert hatte, war Herr Daniel einverstanden, einen sms-Angriff draufzusetzen. Zwei Nachrichten schickte er innerhalb weniger Stunden:

Nachricht eins:

»Hier ist der Markus. Ich weiß nicht, ob du dich erinnern kannst. Ich war am Dienstag bei dir zur Massage. Ich wollte kurz Bescheid geben, dass ich seit heute eine neue Nummer habe. Bei der Gelegenheit möchte ich mich nochmal für das tolle Gespräch und deine Offenheit bedanken. Es tut sehr gut, mit jemandem zu reden, der auf der gleichen Wellenlänge ist! Ich wünsche dir einen schönen Abend.

LG Markus«

Nachricht zwei:

»Sag mal, Sabrina, wo liegt denn eigentlich dein Fehler? Du bist sooo nett, hast ein tolles Gefühl für Menschen, eine Engelsstimme und siehst auch noch verboten gut aus. Ich bin ganz hin und weg.

Ich hoffe, ich trete dir nicht zu nahe ...?

LG, Markus«

Nicht nur, dass Sabrina zwischendurch zurückschrieb (»Nein, nein, ist schon in Ordnung ...«), sie rief auch an. Um sich für ihre bloß so kurz ausgefallene Antwort zu entschuldigen. Und um Markus' Adresse zu erfragen. Sie wolle demnächst Aktions-Coupons an ihre Kunden verschicken.

Markus, peinlich darauf bedacht, nicht zu viel Persönliches preiszugeben, improvisierte am Telefon. Das habe keinen Sinn. Blöderweise. In diesem Fall ... Er halte sich zurzeit nicht an seiner Postanschrift auf, ziehe aber erst im Herbst in seine neue Wohnung. Sein Fazit des Gesprächs: Sie habe versucht, es mit allen Mitteln in die Länge zu ziehen.

Herr Daniel plädierte fürs Weitermachen. Obwohl die Sache mit den Aktions-Coupons schon ihre Richtigkeit habe. Weiter ging's im SMS-Verkehr.

»Hab gerade 2 Nachtdienste in Doppelschicht hinter mir ... klingt jetzt vielleicht blöd, aber du gehst mir irgendwie nicht mehr aus dem Kopf! Wäre es sehr vermessen, dich zu fragen, ob du mal abseits der Arbeit was trinken gehen möchtest? Ich hab echt lange überlegt, ob ich dich fragen soll ... irgendwas hat mich nun dazu gebracht, dass ich gar nicht anders kann! Ich hoffe, die Sympathie ist nicht einseitig?

LG, Markus«

Sie war es keineswegs. Sabrina war jedoch überaus vorsichtig, was verräterische elektronische Spuren betraf. Anstatt ausschweifend zu antworten, rief sie Markus lieber an. Sie wolle ihn wiedersehen. Aber nur im Studio.

Herr Daniel geriet zunehmend außer sich, teilte seine Gedanken mit mir, die quälenden, pochenden Fragen, die ihm die Schädelplatte zu durchschlagen drohten: Wie oft war sie mir schon untreu? Warum braucht sie so lange, um herauszufinden, ob ich der Richtige bin? Warum will sie sich nur im Studio treffen? Warum überhaupt? Ihre ganzen Fehltritte, die sie mir gestanden hat, da war immer nur vom Küssen die Rede. Will sie Markus dort küssen?

Also fuhr Markus ins Massagestudio. Sabrina, notierte er, habe sich über alle Maßen gefreut, ihn wiederzusehen (weniger ihre Worte, doch ihre hohe Stimme habe das verraten). Erst der übliche Smalltalk. Markus sprach von dem Wunderheiler, bei dem er gewesen sei. Und Salzburg. Bei seiner Familie.

»Warum hast du mir geschrieben? Bist du nervös?« Sabrina kicherte.

»Ich war total geflasht von dir«, sagte er.

Sabrina kicherte abermals.

Markus schoss den Klassiker nach: »Ich habe gleich gespürt, dass da eine Art Verbindung zwischen uns ist.«

Sabrina kicherte, überlegte nur kurz. »Es interessiert mich eben brennend, was andere Menschen denken, was sie zu Handlungen bewegt«, sagte sie schließlich. Und: »Andere Leute glauben dann immer, ich höre es gern, was ein Mann toll an mir findet.«

Außerdem, fuhr sie fort, wisse sie von vielen Kunden, dass es bei ihren Energiemassagen zu besonderen Kraftflüssen komme. Weil sie so ausgesprochen zärtlich sei. »Hast du eine Freundin, Markus?«

»Äh ... nein.« Er tue sich allerdings leicht, jetzt, und überhaupt. Wenn sie also eine Grenze setzen wolle, jetzt, hier, weil sie doch einen Partner habe ...

»Mir ist Ehrlichkeit ganz wichtig«, sagte sie. »Gerade jetzt.« Früher habe sie es jedoch mit der Treue nicht so genau genommen.

»Was heißt das jetzt?«

Sie sei fremdgegangen. Mehrmals. Bei ihrem Ex. Aber nicht bei Daniel. Nicht wirklich.

Was jetzt? Hatte sie nicht gesagt, sie sei ... »Seit wann bist du clean?« Markus dachte an Suchtkranke. Speziell an Alkoholiker, von denen es hieß: Einmal Alkoholiker, immer Alkoholiker, was so viel bedeutete, wie dass die Sucht nur durch absolute Abstinenz im Zaum zu halten sei. Jeder kleine Rückfall würde einen großen bedeuten.

Sie hätte ihre Einstellung bereits überdacht, als sie Daniel kennengelernt habe. Glücklich sei sie allerdings nicht. Auch erzählte sie von ihrer vorübergehenden Trennung von Daniel, weil sie wieder mal *ihre schlimme Phase* gehabt habe.

»Ich sehne mich nach einer treuen Frau«, sagte er. »Ich sehe ja bei meinen Freunden, wie das so ist mit der Treue. Was dabei rauskommt.«

»Du musst dir selbst treu sein«, erwiderte sie. »Sonst wird das nix.«

Markus beschloss, ein Schäufelchen nachzulegen. »Also, wenn meiner Freundin ein Typ ein Kompliment macht, weil sie so fesch ist, würde ich mir wünschen, dass sie mir davon erzählt.«

Sabrina dachte kurz nach, taxierte Markus von oben bis unten. »Hmm ... um das zu sagen ... dafür brauchst du viel Selbstliebe. Und viel Selbstbewusstsein.«

Markus runzelte die Stirn, schwieg jedoch.

»Außerdem«, setzte sie nach, »wichtig ist doch, in einer Beziehung von Anfang an ehrlich zu sein. Sich nicht zu verstellen. Und nicht verstellen zu müssen. Sonst ist immer einer unglücklich.«

Markus schwieg immer noch, sah sie nur an.

»Na ja, natürlich ist es schon wichtig, dass man solche Sachen ansprechen kann. Außerdem ... ich möchte nichts mit einer Lüge beenden und nichts Neues auf einer Lüge aufbauen.«

Als Markus mir später davon im Detail berichtete, war ich einigermaßen überrascht. Es war, als täte Sabrina genau das, wogegen sie mit ihren Worten zu Felde zog: sich verstellen. Bloß, um Gefallen bei einem (neuen) Mann zu finden. Später behauptete sie auch, sie habe Daniel von seinen, Markus', Nachrichten erzählt. Was eine glatte Lüge war. Sagte wenigstens mein Auftraggeber. Und ich muss gestehen, ich glaube ihm. Irgendwann brach es dann vollends aus ihr heraus.

»Morgen wäre unsere Hochzeit gewesen.«

»Wäre? Wer hat ... was hat ...?«

Sie zuckte mit den Achseln. »Kalte Füße.«

»Er? Was hast du gemacht?«

Sie hob erneut die Schultern.

»Kann es sein, dass dir das ... gar nicht so unrecht ist?«

Diese Beziehung habe ohnedies wenig Aussicht auf Dauer, sagte sie.

»Meine Ex hat mich auch betrogen«, sagte Markus. »Ich habe es ihr nachgemacht. Und auch gesagt. Aus reiner Rache.«

Da gehöre einiger Mut dazu, gab sie zurück. Mut wozu? Na, es dem Partner zu beichten. Etwa zu sagen: Ich betrüge dich, weil wir keinen Sex haben. Oder: Ich betrüge dich, weil ich die Anerkennung brauche. Oder: Ich betrüge dich, aber es hat nichts mit dir zu tun. Oder: Ich betrüge dich, aber ich wollte dich nicht bewusst verletzen. Ich betrüge dich, aber das heißt nicht, dass ich dich nicht liebe. Nur, dass es unbewusst geschieht. Vielleicht, weil ich eine schwere Kindheit gehabt habe.

Markus kam aus dem Staunen nicht heraus. War das soeben ihre Beichte?

»Könntest du es deiner Freundin verzeihen, wenn sie dich bescheißt, Markus, es dir aber auf diese Weise erklärt?«

An dieser Stelle ein kleiner Einwurf: Papier ist bekanntlich geduldig. Statistiken sind es auch. Und man solle ja, heißt es auch, nur jenen trauen, die man selbst gefälscht hat. Dennoch lässt sich aus der Vielzahl von Untersuchungen zum Thema Untreue ein repräsentatives Mittel nehmen, geht es um die Bereitschaft, dem Partner, der Partnerin einen Seitensprung nachzusehen. Bei Männern sind es knapp weniger als die Hälfte, die das verzeihen würden. Bei Frauen überhaupt nur ein starkes Drittel.

Sabrinas Vorstoß schien nichts anderes zu sein als der untaugliche Versuch, sich von ihrer Vergangenheit reinzuwaschen. Ihrer diesbezüglich noch jungen Vergangenheit wie Tester Markus vermutete. Es verwundert also nicht, dass auch Herr Daniel, der seine Braut doch um vieles besser kennen musste, Misstrauen schöpfte und bereit war, die Konsequenzen zu ziehen. Immerhin hatte er tatsächlich die Hochzeit abgesagt, während der Test erst so richtig anlief. Er befand sich mit seinen Zweifeln in bester statistischer Gesellschaft. Gut nachvollziehbar auch, dass er sich angesichts der Vorgeschichte seiner Braut an uns, *Die Treuetester*, wandte.

Doch weiter mit dem Gespräch im Personalraum des Massagestudios, denn es kam für Herrn Daniel noch dicker. Sabrina habe mit ihm ohnedies nur gefühlskalten Sex gehabt. Sie habe sich immer nur auf ihn konzentriert (wie bei allen Männern) und nicht auf sich selbst. Und dass sie 32 Jahre habe alt werden müssen, um sich erstmals so richtig fallenlassen zu können.

»Hat das nicht auch mit deinem Partner zu tun?«

»Nein!«

Dieses Nein kam wie aus der Pistole geschossen. Die Veränderung sei ganz allein ihre Leistung, ihr Verdienst, ihre Arbeit. Daran werde sich nichts ändern. Egal, was komme. Egal, was komme. Sie sagte es immer wieder.

Egal, was komme.

Was kam, war eine Kundin. Time to say goodbye. Küsschen auf beide Wangen. Markus zog, einigermaßen ernüchtert, von dannen. Nicht ohne ihre flötenden Worte im Ohr, sie würde sich riesig freuen, ihn nach ihrem Urlaub wiederzusehen.

Herrn Daniel öffnete das Protokoll die Augen. Sabrina wandle auf dem totalen Egotrip, plane ihre Zukunft die längste Zeit ohne ihn, sagte er, und da war niemand, der ihm widersprechen wollte. Es wurde vereinbart, dass Markus sich nicht wieder melden sollte.

Das besorgte ohnedies Sabrina. Unter dem Vorwand, eine leere SMS von ihm erhalten zu haben. Sie sprach ihrer smarten vermeintlichen Neueroberung aufs Band, erkundigte sich nach ihm, ob sie etwas für ihn tun könne, was auch immer.

Auch in diesem Fall weiß ich nicht, ob Herr Daniel und Sabrina noch ein Paar sind. Was ich jedoch weiß, ist, dass sie mittlerweile nicht mehr denselben Familiennamen trägt wie zuvor. Aber auch nicht den von Herrn Daniel.

Ja, mit den Namen war das überhaupt so eine Sache. Welche Komplikationen sich ergeben können, wenn das schon einmal angesprochene Programm Täuschen und Tarnen angeworfen wird, zeigt der folgende Fall.

OINK. OINK. WILLST DU
MEINE SAU WERDEN?

An manchen Tagen verspüre ich eine seltsame Leidenschaft
für Gleich... nein, nicht Gleichnisse, sondern Gleichungen.
Jene mathematischen Aufgaben zur Gleichheit zweier Ter-
me also, deren einfache Ableger wir bald nach der Grund-
oder Volksschule in den niederen Klassen gelehrt bekommen. Mit anfangs einer und dann schon mal zwei Unbekannten.

Am Ende so einer Gleichung kann unterm Strich beispielsweise stehen:

X = 141.

In diesem Fall geht es ums Gewicht, demzufolge: 141 Kilogramm. Bei einem (auch noch nicht ausgewachsenen)
Zuchtstier wäre das ein besorgniserregender Zustand. Ich
sehe die Haut an den Knochen des armen Geschöpfes nur
so schlabbern. Bei einem, der sich für einen ausgewachsenen Zuchtstier hält, allerdings ein Mensch ist und mit 1,84
im Verhältnis nicht groß, ist das ebenso besorgniserregend.
Vor allem, wenn ich mir vorstelle, ungewollt unter ihm zu
liegen.

Nein, im Ernst: Es dreht sich hier also um einen 141 Kilogramm schweren, verhältnismäßig kleinen Mann. Doch das ist nicht das eigentliche Problem. Auch nicht, dass er sein Äußeres lange Zeit schleifen ließ. Auch nicht, dass er Bauzeichner ist (also jemand, der Baupläne entwirft, vom Wohnblock bis zum Kanalsystem). Auch nicht, dass er genau 25 Jahre älter ist als ich (demnach 52).

Das Problem ist, dass er seine Frau seit Jahren regelmäßig betrügt. Und zum Schluss, wie mir Kerstin D. schrieb, auch mit Männern. Die Katze kaum aus dem Haus, sitze die Maus vor dem Fernseher und ziehe sich Pornos rein. Aber *nicht bloß irgendwelche*. Obendrein besorge Torsten es sich selber, und zwar anal, nachdem er sich mit seltsamem Zeug (*Pops oder so ähnlich*) zugedröhnt oder wenigstens einigermaßen in Stimmung gebracht habe.

Was Frau D. mit *Pops* meinte, waren, wie ich auf Nachfrage erfuhr, nicht etwa die bei Jugendlichen fürs Komasaufen beliebten Alkopops, sondern *Poppers*. Jene auf Sex- und Dating-Plattformen gerne als PP abgekürzten, flüssigen und zumeist nur kurzfristig wirksamen Drogen, die es in bunten Plastikfläschchen gibt. Der Name rührt noch aus jenen Tagen, da sie in Glasampullen erhältlich waren und das Öffnen ein poppendes Geräusch erzeugt hat. Der Geruch dieser Substanzen ist markant chemisch, ähnlich stechend wie Chloroform, und die Wirkung dieser Alkylnitrite ist primär gefäßerweiternd.

Des Weiteren mache ihr Mann, ehe er mit ihr intim sei, immer zuerst einige Zeit an sich selbst rum. Außerdem habe er sich zuletzt massiv verändert. Er pflege sich fast schon penibel, benutze Mundspray und Unmengen von Kaugummi.

Soweit die Kernbotschaft, die mir anfänglich doch den Mund offen stehen ließ, denn ich stellte mir vor, was für einen niederschmetternden Schock es für eine Frau bedeuten musste, solche bis dahin unbekannten Seiten an ihrem Partner zu entdecken. Und wie beschämend und fordernd es sein musste, sich damit auf die Suche nach Hilfe zu begeben. Nie zuvor war ich in meiner Agentur damit befasst gewesen, dass ein Mann seiner Frau mit Männern fremdginge.

Tausend Fragen, die Kerstin D. sich bestimmt schon viele Male gestellt hatte, schossen mir durch den Kopf, wie etwa: Was mache ich falsch? Oder steht er seit jeher auf Männer? Ist er nur zum Schein mit mir zusammen? Über all die Jahre (14 schon)? Kann ich jemals wieder mit ihm schlafen, wenn er Sex mit anderen Männern hatte? Liebt er mich überhaupt noch?

Ich schlug der angehenden Kundin aus Hessen per Mail eine Reihe von Testmöglichkeiten vor, da sie selbst sich nicht festgelegt hatte. Sie wolle den Chat-Test, schrieb sie zurück. Fürs Erste mal. Ob es möglich wäre, die Sache auf *C-Date* abzuwickeln? Sie habe einige Mails in diese Richtung entdeckt. Oder über *Tinder*. Da glaube sie auf seinem Handy etwas gesehen zu haben, sie kenne sich allerdings nicht aus.

»Wir können es auf beiden Plattformen machen«, antwortete ich. »Einfacher wird es aber auf *C-Date* sein.« Sie solle mir noch bekanntgeben, ob ein Mann oder eine Frau den

Test durchführen solle. Schließlich war das in diesem Fall ja unklar.

Das Ziel des Tests war hingegen klar umrissen: Torsten habe nach einer Aussprache geschworen, es nie wieder zu tun. Hielt er sein Versprechen? Oder hielt er es nicht? Und: Eine Frau solle sich an ihn ranmachen (ich vermutete, das erschiene Frau D. im Falle eines *Erfolges* als das immer noch kleinere Übel).

Einen bestimmten Frauentyp, auf den ihr Mann besonders abfuhr, nannte sie nicht. Also wollte ich den Test selbst durchführen. Auch aus purer Neugierde in welche Welten ich eintauchen würde. Ausgestattet mit Torstens Basisdaten (und einem Foto), legte ich mir einen Account bei *C-Date* zu. Bei Interessen gab ich an: Affären, Spielen, Zuschauen. Dazu Profildetails wie Haarfarbe, Größe, Figur, die Region, aus der ich stammte (also dem Bundesland der Testperson), gespickt mit Alter, Fotos et cetera. Selbst Gewohnheiten in puncto Rauchen und Trinken wurden abgefragt.

Doch dann kam die Ernüchterung. Eine eigenständige Suche nach Usern war nicht möglich, weil ausschließlich *C-Date* die Kontaktvorschläge erstellt. Wie folgt:

»Wir übermitteln Ihnen durch unseren eigens für *C-Date* entwickelten Matching-Algorithmus Kontaktvorschläge von Mitgliedern, die zu Ihren Suchkriterien am besten passen. Ihre Vorschläge werden kontinuierlich ergänzt und aktualisiert. Wenn Sie also nachträglich noch Änderungen an Ihrem Profil vornehmen (zum Beispiel an Ihren persönlichen

Neigungen), so werden diese Änderungen sofort in unsere Datenbank aufgenommen und im internen Matching berücksichtigt. Diese Änderungen sind völlig kostenfrei und können so oft durchgeführt werden, wie Sie möchten.«

Oh mein Gott. Wenn ich es bis dahin nicht tat, weil ich mir womöglich (wie die meisten Menschen) nicht bewusstgemacht hatte, welche Macht sie mittlerweile über uns ausübten, indem sie uns zu gläsernen Existenzen degradierten, so tat ich es dann:

Ich hasste Algorithmen.

Es war nicht absehbar, wann ich Torsten auf dem Radar haben würde. Würde ich überhaupt? Ich musste die Angaben zu meiner Person deutlich konkreter machen, deutlich einengen. Statt Bundesland Hessen also den Landkreis (der Testperson): Gießen.

Auch die voreingestellte Größe (155–182 Zentimeter) musste weg: 1,84 stand nun da. Ähnlich verfuhr ich beim Alter. Und bei sexuellen Präferenzen musste ein Häkchen bei Egal her. Alles andere hätte meine Chancen auf einen Treffer bloß wieder geschmälert. Noch dazu, wo die Fotos mancher Männer verschwommen daherkamen, von anderen wieder bekam ich überhaupt nur Ausschnitte des Körpers zu sehen.

Nichts.

Ich musste Torstens Nickname wissen, um die vorgeschlagenen Kontakte abgleichen zu können. Da waren wir also bei den Namen angelangt. Nicht jedermann, jederfrau ist mit Social Media vertraut. Kerstin D. ist es definitiv nicht. Und erst nachdem ich ihr erläutert hatte, dass man früher darunter bloß Spitznamen verstanden habe, die unter Freunden verbreitet gewesen seien, heute jedoch ein Nickname nichts anderes als einen Benutzernamen für x-beliebige Foren darstelle, deren frei erfundene es mittlerweile Milliarden weltweit gibt, wusste sie, wonach sie suchen sollte.

Drei Tage später hatte ich ihn: *BB 69*.

Es spielte keine entscheidende Rolle, doch wie von selbst ratterte mein Hirn drauflos, wofür BB stehen mochte: *Bad Boy* wäre denkbar gewesen, vor allem in den Augen seiner Frau. Oder (vorausgesetzt, dass Torsten auch dem *Dreier* zusprach, was bei bisexuellen Männern durchaus üblich ist, er zur Selbstpersiflage neigte und sich selbst als das heiße Fleischlaibchen inmitten zweier Deckel sah), etwas wie: *Barbecue Beast*. Oder, mein Favorit, weil naheliegend: *Bi Boy*. Über 69 hingegen musste ich, weil altbekannte Chiffre für die französische Stellung, nicht groß nachdenken.

Bi Boy 69 also. Würde er mir als perfekter Sexpartner vorgeschlagen, konnte der Tanz um seine Treue losgehen, ich jedenfalls stand in den Startlöchern.

Nach zehn Tagen immer noch: Fehlanzeige. Abermals justierte ich meine Parameter, suchte nun nach Partnern, die explizit bisexuell ausgerichtet waren und entfernte den Landkreis wieder. Womöglich war ihm die geografische Nähe zu heiß.

Nichts.

Es war zum Mäusemelken. Kerstin D. tat es inzwischen offen, und auch ich hatte im Stillen begonnen, ans Aufgeben zu denken. Dreieinhalb Wochen waren mittlerweile verstrichen. Ohne auch nur den Hauch eines Treffers.

Dreieinhalb Wochen.

Längst hatte ich den angeblich heilbringenden Algorithmus und seine Matches zum Todfeind Nr. 1 erklärt. Und genau da geschah es: Torsten flatterte mir zum Portal herein. Wie von Zauberhand, ganz von selbst. Nicht nur, dass er mir endlich vorgeschlagen wurde (er hatte bei Gewicht und Alter gehörig gemogelt, nach unten, versteht sich), nein, denn ehe ich ihm eine Nachricht schicken konnte, flackerte die seine bereits über mein Display.

»Woher kommst du, Pussycat 27?« (*Mein Nickname, ich weiß, nicht besonders originell, aber immer noch besser als Doggystyle, Missionary Woman oder Wiener Auster.*)

Und: »Was suchst du?«

Ich gab eine Kleinstadt an, 45 Kilometer von seinem (echten) Wohnort entfernt. Meine Präferenzen, flunkerte ich, lägen vor allem im Bereich Dreier. Insbesondere im Bereich *MMW* (Männlein, Männlein, Weiblein).

»Und du, BB 69?«

Torsten machte keine Umschweife, rückte sogleich mit seiner bisexuellen Gesinnung heraus wie auch mit seinem tatsächlichen Wohnort. Seine Vorlieben würden sich jedoch ständig ändern. Zurzeit jedenfalls würde er so richtig auf *Threesome* abfahren, Dreiergeschichten also. Egal ob *MMW* oder *MWW*. Zuvor, gestand er mir auch noch, hätten ihn Pornos mit Teenies und Voyeuren schwer ange-turnt.

»Und bei dir, Pussycat 27? Schickst du mir ein Foto von dir?«

Er bekam sein Foto. Allerdings bloß eine Ansicht von hin-ten. Männlein, Weiblein, Weiblein sei mir vertraut, schrieb ich, *MMW* dagegen nicht.

»Hast du schon mal mit einem Mann und deiner Frau, BB 69?« (*Dass er verheiratet war, wusste ich da bereits hochoffiziell von ihm selbst.*)

»Wenn du möchtest«, kam es postwendend retour, »füh-re ich dich gerne in die Thematik ein. ☺ Dein erstes Mal soll mir eine besondere Freude sein.«

Ferner gestand er ein, von seiner Frau bereits überführt worden zu sein. Wegen einer *einmaligen Geschichte mit einem Mann*. Das jedenfalls habe er ihr weisgemacht. Und: Er wür-de seine Fantasien am liebsten auch mit seiner Frau ausle-ben, aber: »Ich habe schreckliche Angst, dass sie mich ver-spottet. Und dass sie mich verlässt. Also mache ich es so.«

Da war die Katze aus dem Sack. Augenblicklich kam mir ein Blogpost in Erinnerung, den ich zum Thema so genann-ter *perverser Fantasien* verfasst hatte. Er beruhte getreulich auf den Erfahrungen einer Freundin, deren Namen ich na-türlich abänderte:

Vor ungefähr einem Jahr war ich mit Vanessa zum »After-Work-Drink« verabredet. Während ich ungeduldig warte-te und an meinem Weißwein nippte, klingelte auch schon mein Handy. Es war Vanessa. Sie kam mal wieder zu spät. Eine halbe Stunde. Und wie immer fiel ihr das erst ein, nachdem sie schon längst hätte da sein sollen.

Mir blieb also nichts anderes übrig, als anderen beim Smalltalk zuzuhören. Fashion, Lifestyle, Arbeit. Damit ließ sich der Gesprächsstoff um mich herum zusammenfassen. Doch da weckte das Gespräch am Nebentisch mein Interesse:

»Sie hat sich letztens so ein Lackkostüm angezogen. Das war ziemlich geil.«

Ah, dachte ich, schmunzelte. Ich blickte nach links, um zu sehen, wer voller Begeisterung über Lackkostüme beim Essen plauderte. Sein Name war Markus, wie ich nach nur zehn Minuten wusste. Und Markus redete mit seinem Freund ganz ausgelassen über das Thema Sex. Ohne Scham, ohne Kichern und ohne um den heißen Brei zu reden. Sie brachten beide auf den Punkt, was sie wollten. Ich beneidete sie darum, denn mir fiel kein einziges Gespräch mit einer Freundin ein, das dem auch nur ansatzweise ähnelte. Das Gegenteil war der Fall.

Ich musste an den Moment denken, der noch gar nicht so lange zurücklag. Ich war mit einer guten Freundin unterwegs und musste noch ein paar Besorgungen machen. Während wir vorm Regal standen und ich überlegte, welcher Nagellack zu meinem neuen Kleid passen könnte, fragte sie mich:

»Ist es für dich schön, wenn man an deinem Kuchen leckt?«

»Bitte was?«

Ich lachte lauthals los, obwohl ich im ersten Moment nicht wusste, wovon sie überhaupt sprach.

»Na ja, du weißt schon, wenn ein Mann an deinem Kuchen leckt«, sagte sie ganz leise. »Findest du das denn schön?«

Die Scham stand ihr ins Gesicht geschrieben und mit meinem Gelächter zog ich die ganze Aufmerksamkeit auf uns und brachte lautstark auf den Punkt, was sie wissen wollte.

»Du meinst, ob ich es geil finde, wenn ein Mann meine Muschi leckt?«

»Pssst«, sagte sie, hielt sich den Finger vor den Mund. »Dich kann ja jeder hören.«

Natürlich wollte sie nicht, dass jeder hören konnte, wie sie über Sex sprach. Es war ihre eigene Art von Sex-Talk, bei der sie versuchte, Worte wie geil und Muschi zu verniedlichen, als würde man einem Pubertierenden anhand von Blumen und Bienchen erklären, wie das mit dem Sex funktioniert. Irgendwie lagen Welten zwischen dem Gespräch von Markus und seinem Freund und mir und meinen Freundinnen.

Vanessa unterbrach meine Gedanken. Abgehetzt kam sie auf mich zu, gab mir Küsschen links und rechts. »Ich muss erst mal was trinken«, seufzte sie.

Sie sah hinreißend aus, während sie sich einen Aperol Spritz bestellte. Sie strahlte etwas Elegantes und Unnahbares aus, was allerdings auch dazu führte, dass sie immer etwas steif wirkte.

»Wie geht's dir denn?«, fragte ich.

»Na ja, was soll ich dir sagen.« Und dann platzte es prompt aus ihr heraus. »Ich glaube, dass der Chris pervers ist.«

Chris ist seit fünf Jahren Vanessas Freund und er erweckte nie den Anschein, ein Perverser zu sein, vor dem man sich in Acht nehmen sollte.

»Wieso das denn?«, fragte ich verwundert.

»Wir haben vor ein paar Tagen zwei Flaschen Wein getrunken und er war so betrunken, dass er mir seine Fantasien mitteilen musste.«

»Und?«

»Auf die hätte ich gerne verzichtet«, sagte Vanessa. Sie nahm einen großen Schluck Aperol. Stille machte sich breit, dann: »Er will Rollenspiele.«

Na, da kann er sich gleich zu Markus (Anmerkung: der Typ am Nebentisch) gesellen, dachte ich.

Vanessa starrte nach unten auf den Tisch und ich sah nichts weiter als Scham in ihrem Gesicht. Doch da brach es aus ihr heraus. »Er ist ein perverses Schwein! Wie kommt er überhaupt auf die Idee, mir so etwas zu sagen?«

Ich biss mir auf die Unterlippe, um mir das Lachen zu verkneifen. »Hast du ihm das so gesagt?«

»Na, was glaubst du denn?«

»Dass du falsch liegst. Und dass dein Freund nicht pervers ist.«

Vanessas Hoffnung, ich würde mich ihrer Mein-Freundist-ein-perverses-Schwein-Parole anhängen, zerbrach. Ich wusste, dass ich etwas sagte, was sie nicht hören wollte.

Doch das war mir egal. Vanessa sah mich fassungslos an. Ich spürte, dass sie sich eine Erklärung erhoffte. Doch ihr eiskalter Blick verlangte es in Wirklichkeit.

»Wie wichtig ist dir Ehrlichkeit in einer Beziehung?«

»Sehr wichtig«, sagte Vanessa. »Ohne Ehrlichkeit gibt es kein Vertrauen.«

»Und wie wichtig ist dir Treue?«, fragte ich weiter, obwohl ich die Antwort bereits erahnte.

»Genauso wichtig«, sagte sie. »Ohne Treue kann es keine Ehrlichkeit geben.« Vanessa zufolge lautete die Formel einer glücklichen Beziehung also:

OHNE TREUE KEINE EHRLICHKEIT UND OHNE EHR-LICHKEIT KEIN VERTRAUEN.

»Naja«, sagte ich nun vorsichtig. »Wenn dir Ehrlichkeit in einer Beziehung so wichtig ist, dann solltest du seine Ehrlichkeit auch schätzen. Du kannst dir nicht aussuchen, wann, wie und wo sie dir gerade passt. Und außerdem kannst du froh sein, dass er so offen mit dir über das Thema spricht. Denn wenn nicht mit dir, mit wem dann?«

Vanessa schwieg.

»Weißt du«, fuhr ich fort, »ich höre so oft von anderen Frauen, dass ihre Partner heimlich Pornos schauen, um ihre Fantasien auszuleben. Sie trauen sich einfach nicht, mit ihren Partnerinnen darüber zu sprechen. Und weißt du, wieso?«, fragte ich, ohne eine Antwort zuzulassen. »Weil sie Angst vor einer solchen Reaktion haben. Angst davor, als perverses Schwein abgestempelt zu werden, nur weil sie etwas Neues ausprobieren wollen.«

»Oh, Mann!« Vanessa schlug die Hände überm Kopf zusammen. »Wenn du das so sagst, wird mir klar, dass ich vollkommen überreagiert habe. Ich meine, ich habe meinen eigenen Freund ein perverses Schwein genannt. Geht's eigentlich noch?«

»Oink. Oink«, grunzte ich vor mich hin. »Willst du meine Sau werden?«

Vanessa lachte drauflos, verschluckte sich an ihrem Drink.

»Weißt du, warum die meisten Männer fremdgehen?«, fragte ich.

»Weil sie perverse Schweine sind und etwas Neues ausprobieren wollen?«, fragte Vanessa scherzhaft zurück.

»Genau«, sagte ich. »Ohne Vertrauen keine Ehrlichkeit und ohne Ehrlichkeit keine Treue.«

Vanessa hatte verstanden, was ich ihr sagen wollte: Wir erwarten Vertrauen. Wir erwarten Ehrlichkeit. Wir erwarten Treue. Sollten wir dann nicht auch in der Lage sein es zu schätzen, wenn uns genau das entgegengebracht wird? Wenn wir es tun können (ich meine: Sex), wieso können wir dann nicht darüber reden? Wenn nicht mit dem Partner, unserem engsten Vertrauten, mit wem dann?

Keine Frage. Torsten war willens und drauf und dran, das Versprechen, das er seiner Frau gegeben hatte, mit wehenden Fahnen zu brechen. Angesichts seiner, vorsichtig formuliert, eher unüblichen Praktiken musste er damit rechnen, sie würde ihn verlassen, geschähe es erneut und sie käme dahinter. Andererseits hatte sie ihm den einen Seitensprung mit einem Mann, den er eingestanden hatte, verziehen.

Zeigte sie darin nicht ausreichend Toleranz?

Torsten würde (soweit mein Eindruck) seiner Frau nicht fremdgehen, hätte er das Gefühl, die Beichte seiner Fantasien schlüge sie nicht in die Flucht. Was immer ihn dazu veranlasste, das zu glauben, es war Teil ihrer gemeinsamen Paargeschichte, etwas, worauf ich keinen Blick werfen, was ich auch nicht im Ansatz erahnen konnte, das allein zwischen ihnen beiden stand.

Andererseits: Konnte Torsten das von ihr erwarten? Gerade aus meiner Sicht als Frau sprach ich Kerstin das unverbrüchliche Recht zu, immer die Wahl zu haben: ob sie seine sexuellen Träumereien annehmen oder ablehnen wollte. Konnte er es, aus Liebe, nicht bei seinen Wünschen belassen, sie mit entsprechenden Pornos ausleben und die Beziehung auf Dauer retten?

Wiederum andererseits, wieder aus Torstens Perspektive: Was war das für ein Leben, in dem sich ein Mensch in so entscheidenden Aspekten wie der Sexualität verbiegen musste, um es einem anderen recht zu machen?

Selten brachte mich ein Auftrag so an die eigenen Grenzen. Immer mehr Fragen stiegen in mir hoch, immer weniger Antworten konnte ich mir geben. Beim nächsten Kontakt mit BB 69 thematisierte ich seine Ängste, indem ich sie zu meinen machte, sprach von ganz ähnlichen Problemen in einer verflossenen Beziehung, davon, dass ich es damals aus grenzenloser Liebe unterdrückt hätte.

»Ist das für dich nicht denkbar, BB 69?«

»Ich schaffe das nicht«, schrieb er. »Es ist nicht dasselbe. Ich muss es erleben, um meinen Träumen ein Gefühl in der Wirklichkeit zu geben.« Auch entwickle er stets neue Fantasien, das Verlangen, sie umzusetzen, sei übermächtig. Er empfinde sich wie ferngesteuert. Wie unter dem Einfluss eines riesigen Magneten. Er könne nicht anders als Folge zu leisten.

Das klang nach den Symptomen einer schweren Sucht, einem echten Krankheitsbild also und nicht bloß irgendwelchen Spintisiereien. Er machte auch kein Hehl daraus, wie leid ihm seine Frau tue und wie wenig er sich in der Lage sehe, seine Gedanken auszuknipsen.

Ich erstattete Kerstin D. Bericht. Sie hatte inzwischen in einer Truhe im hintersten Kellerwinkel ihrer gemeinsamen Wohnung allerlei Sexspielzeuge ihres Mannes entdeckt: eine Penispumpe mit Vibration, ein Entkrampfungsspray, einen Glasplug mit einem Schwanz aus Kunstfell und anderes mehr (einige Teile habe sie überhaupt erst nach ausführlicher Recherche im Netz als das identifizieren können, was sie waren). Eine Aussprache sei die Folge gewesen, irgendwo auf halber Strecke zwischen stillem Leiden und schreiendem Zerwürfnis.

Sie habe jedoch auf Beschwichtigung gesetzt, habe versucht, ihm seine Ängste zu nehmen. Das Resultat sei gewesen, dass Torsten sich bestärkt gefühlt habe, gleich mit seinen allerneuesten Sexwünschen herauszurücken: Praktiken, die sie mir mit den Begriffen Natursekt und Kaviar umschrieb, offenbar, weil es sie überforderte, sie auch nur zu formulieren, geschweige denn in die Tat umzusetzen.

Zwei Monate später schrieb mir Kerstin D., sie habe keinen Ausweg mehr gesehen und die Scheidung eingereicht. Der Fall beschäftigte mich geraume Zeit, tauchte immer wieder in meiner Erinnerung hoch und als fehlten wichtige Teilaspekte der Thematik Bi- beziehungsweise Homosexualität, wurde ich schon bald einem neuerlichen Test unterzogen, diesmal in die andere Richtung.

WENN FRAUEN FRAUEN
SCHÖNE AUGEN MACHEN

»Mein Anliegen ist … nun ja, wissen Sie … mein Anliegen ist … speziell?«

Ein zweifelnder Ton lag in der Stimme des Mannes. Vor allem die Höhen am Ende seiner Sätze, auch bereits vorangegangener, erweckten den Eindruck, als wäre er sich seiner Sache nicht nur nicht sicher, sondern fragte sich selbst, warum er überhaupt angerufen habe. Irgendwann hatte ich jedoch begriffen, dass es sich schlicht um ein äußeres Zeichen seiner Anspannung handelte. Schließlich wandte Sebastian R. sich auch mit keiner Allerweltsanfrage an mich.

Ich hatte im Laufe der Jahre die Erfahrung gemacht, dass meine Stimme die Menschen Vertrauen schöpfen ließ, und so war es auch hier. Allmählich beruhigte sich Herr R., hörte auf herumzudrucksen und rückte mit der Sprache raus. Nach und nach legte er den Hintergrund seines Problems offen.

»Sie müssen wissen«, sagte er endlich, »Virágs Familie ist so was von streng … also … religiös … es kann durchaus … ich habe schreckliche Angst davor, dass sie nur deshalb mit mir zusam...« Er unterbrach sich, schluckte hörbar. »Deshalb mit mir zusammen ist. Um den Schein zu wahren. Verstehen Sie?«

Worauf er ansprach, war folgender Hintergrund: Virágs Eltern (sie 29, er 38, seit dreieinhalb Jahren ein Paar) waren 1956, damals selbst noch Kinder, mit fast 200.000 Landsleuten als so genannte Ungarn-Flüchtlinge nach Österreich gekommen. Während Virág bereits als echtes Wiener Mädel aufwuchs, hatten die Eltern ihre Herkunft nie gänzlich ablegen vermocht. Vor allem den streng katholischen Glauben, den man ihnen mitgegeben hatte. Sebastian R., erfolgreicher Werbefotograf, fürchtete nicht mehr und nicht weniger, als dass seine Freundin bloß mit ihm zusammen sei, um den Vorstellungen ihrer Familie gerecht zu werden, tatsächlich aber Frauen liebte.

»Wie kommen Sie darauf?«, fragte ich.

»Die Art wie sie andere Frauen ansieht. Vor allem andere hübsche Frauen.«

»Was wollen Sie genau wissen? Ich meine ... ob sie rein sexuelles Interesse an Frauen hat oder auch an einer fixen Beziehung?«

»Alles«, erwiderte er. Und: »Könnten Sie selbst den Test machen? Sie sind so eine hübsche Frau?«

Frau? Nein, er zweifelte nicht an meinem Geschlecht. Inzwischen wusste ich seinen Tonfall zu deuten, bedankte mich für die kleine Schmeichelei und willigte ein. »Online macht hier wenig Sinn«, sagte ich. »Ich werde Virág treffen müssen. Mit Sicherheit mehrmals.«

»Wenn Sie die Kosten meinen … jaja, schon klar«, sagte er. »Ich habe schon ganz andere Investments getätigt, die wesentlich weniger lohnend … nein, entschuldigen Sie, so war das nicht gemeint. Ich wollte sagen: Die Gewissheit ist mir jeden Preis wert?«

Wert? Aber ja, das wusste ich bereits.

Sie sei, gab er auf meine Frage nach der besten Möglichkeit eines Erstkontakts, gelegentlich beim Fortgehen anzutreffen. Allerdings wisse er nicht, wann sie das nächste Mal ausgehe. Aussichtsreicher sei, es im Fitnessstudio zu versuchen. Das Manhattan Süd.

Ein Fitnessclub als Location für einen Aufriss, noch dazu von Frau zu Frau, schien mir im ersten Moment nicht gerade der Heuler zu sein. Andererseits kam mir die Gelegenheit, es dort zu versuchen, mehr als gelegen. Ich hatte seit der Geburt meiner Tochter wenig bis gar keinen Sport betrieben (so empfand ich es jedenfalls) und könnte demnach das Nützliche mit dem Angenehmen verbinden.

Virág, setzte Herr R. nach, habe sich kürzlich für ein begleitetes Ausdauertraining eingeschrieben, weil sie auf ihren ersten Halbmarathon hinarbeite. Sie betreibe allerdings auch Bodyworkout. Und sie liebe es, hinterher im Pool zu entspannen.

»Ich überleg mir was und ruf Sie heute noch zurück«, sagte ich.

Ein Blick auf die Homepage des Nobel-Clubs beflügelte mich. Vor allem der Wellnessbereich für nachher: diverse Solarien, klimatisierte Sonnenliegen, Infrarotkabinen, dazu der herrliche, von Topfpflanzen gesäumte Indoor-Pool.

Ich wählte die Nummer des Kunden. »Wir machen es im Pool«, sagte ich, musste augenblicklich selbst auflachen, als ich die Doppeldeutigkeit erkannte und beschwichtigte sofort: »Also ... Sie wissen schon. Der erste Kontakt. Ich werde versuchen, ihn im Pool zu knüpfen.« Insgeheim war ich für einen Augenblick besorgt, ihn verschreckt zu haben. Mit Worten verhielt es sich bekanntlich wie mit Pistolenkugeln: Waren sie erst auf der Reise ...

Doch auch Sebastian R. lachte, wenngleich zaghaft. Er präzisierte den Trainingseifer seiner Freundin. Sie sei dreimal die Woche dort, sagte er. Für jeweils drei Stunden. Montags. Mittwochs. Freitags. Und: Sie absolviere ihre Einheiten so regelmäßig und präzise wie ein Schweizer Uhrwerk. Das wisse er, weil er gelegentlich auch dort trainiere. Auch eine Serie von Fotos seiner Angebeteten bekam ich zugeschickt. Ich war überwältigt: Sie entsprach aufs Haar dem Prinzessinnenbild, das ich als fünfjähriges Mädchen von Dornröschen gewonnen hatte, als mein Vater mir noch eifrig Geschichten vorlas und auch ich (welches Mädchen in diesem Alter nicht) natürlich seine Prinzessin war. Virág war eine durch und durch bildschöne Frau.

Zwei Tage später fand ich mich im Manhattan zum Probetraining ein. Meine Angaben, eine Clubmitgliedschaft in Erwägung zu ziehen, waren dabei alles andere als vorgeschützt.

Die junge Lady am Empfang zeigte mir Umkleidekabinen, Trainingsbereiche, Kursraum. Und auf einmal sah ich auch Virág. Sie spulte auf dem Laufband ihre ersten Kilometer. Als sie uns aus dem Augenwinkel bemerkte, blickte sie zur Seite, fixierte mich. Danach sah sie wieder geradeaus, um gleich danach wieder zu mir zu blicken.

Nahm sie bereits Witterung auf, ehe ich überhaupt Papp sagen konnte? Waren das die Blicke, von denen ihr Freund so besorgt sprach?

Die Lady vom Empfang zog mich sanft mit sich fort, zeigte mir pflichtschuldig auch die ausstehenden Bereiche des Clubs. Bis hin zu Sauna und Pool. Minuten später fand ich mich an den Geräten ein. Virág war auch dort. Ich wählte den Stepper, während sie an der Beinpresse zugange war.

Mir fiel auf, dass sie immer wieder in meine Richtung schielte und das eine oder andere Mal, wenn unsere Blicke sich trafen, ein Lächeln andeutete. Wäre sie ein Mann gewesen, hätte ich es bestimmt als aufdringlich empfunden. Bei Virág störte es mich seltsamerweise nicht im Geringsten.

Ich wartete, bis sie fertig trainiert hatte. Als sie an mir vorüberstrich, fiel mir der hauchdünne Ansatz einer Thigh Gap auf. Aber eben nur ein Hauch, sodass ich die Oberschenkellücke keinesfalls als Frühzeichen einer beginnenden Magersucht erachtet hätte, sondern als Ausdruck einer gut trainierten jungen Frau mit einer tollen Figur und ebenso tollen Beinen.

Ich blickte ihr nach, ließ weitere zehn Minuten verstreichen und holte mir am Empfang das Okay, auch den Spa-Bereich benutzen zu dürfen. Schließlich war ich ja (noch) kein Mitglied. Als ich zum Pool kam, schwebte Virág regungslos im Wasser. Ihre Unterarme ruhten verschränkt am Beckenrand, der Blick war träumerisch in die Ferne gerichtet. Fast elegisch. Weit konnte er aber nicht reichen. Denn die tiefen Nebel, die tagsüber vorgeherrscht hatten (es war Ende November), krochen auch nun, am späteren Nachmittag, unaufhaltsam in Bodennähe dahin. Langsam fiel auch die Dunkelheit über den Süden Wiens herein.

Ich glitt ins Wasser, zog eine Bahn um die andere, Virág immer dezent im Blick. Irgendwann hing auch ich am Beckenrand, tat so, als suchte auch ich eine besondere Erkenntnis dort draußen, in der nebeligen Ferne, die keine war.

Da drehte sie sich zu mir. »Fein, hhmmhh? Was meinst du?«

Ich bemerkte, dass ich die Augen aufriss, ohne es zu wollen. Ihre Initiative hatte mich auf dem falschen Fuß erwischt.

Sie schien meine Verwirrung anders zu deuten. »Du bist neu, nicht wahr? Jedenfalls ... ich hab dich hier noch nie gesehen.«

Schon waren wir im Smalltalk, und ich war überglücklich. Rasch wusste ich, dass sie schon bald 14 Monate Kundin war. Rasch wusste ich, worauf sie hin trainierte. Und ebenso rasch hatte ich ihre Nummer. Sie selbst bot sie mir an. Sie fände es fein, künftig mit mir gemeinsam ihren Workout zu machen. Sooft ich eben zur selben Zeit da wäre wie sie. Oder, wenn wir es zuvor vereinbarten.

Ich war überrascht. Würde sie meinetwegen von ihren Gepflogenheiten abweichen? Wir waren inzwischen im Garderobenbereich angelangt. Ich wollte duschen, verspürte jedoch eine plötzliche Scheu, mich vor ihr nackt auszuziehen. Das hatte mich bisher noch nie gestört im Damenbereich, doch die bloße Möglichkeit, sie könnte … Ich schlüpfte in die Dusche, streifte meinen Bikini erst dort ab (Virág war da schon beim Anziehen).

»Und? Hat sie mit Ihnen geflirtet?« Sebastians erste Frage, die auch als solche gemeint war, als ich ihn wenig später anrief.

»Schwer zu sagen«, gab ich zurück. »Ich muss gestehen … ich weiß nicht, wie es sich anfühlt, wenn Frauen mit Frauen flirten. Aber ich bleibe dran.«

Der Plan, den wir gemeinsam ausheckten, sah wie folgt aus: Ich sollte drei, vier Tage (das Wochenende stand vor der Tür) warten, mich dann bei Virág melden, um ein gemeinsames Training zu vereinbaren und dann, irgendwann, so nebenher fallenlassen, auch an privatem Kontakt interessiert zu sein, sprich: mal gemeinsam einen draufzumachen. In einem Club abtanzen, ein Abendessen oder etwas in der Art.

Virág kam uns zuvor. Schon am Folgetag schrieb sie mir ein SMS. Bald darauf sahen wir uns im Manhattan wieder (ich hatte mich inzwischen fix eingeschrieben). Sie begrüßte mich wie eine alte Freundin (schmatzende Luftküsschen). Es folgte ein feiner, doch beinharter Trainingsnachmittag. Danach Wellness. Während alledem, immer wieder, Smalltalk. Das Leben. Und überhaupt.

Und die Liebe.

»Ich liebe meinen Sebastian über alles«, sagte sie. »Dieser Idiot … würde er doch endlich …« Sie hielt inne.

»Endlich was?«

»Mich fragen, ob ich ihn heirate?« Virág hatte auch diesen fragenden Ton in ihrer Stimme, doch es war ein forderndes Fragen. Unmissverständlich. Sie erwartete, von ihm zur Frau gemacht zu werden. Nach einer Liebe um der Familienehre wegen oder der Befolgung streng katholischer Dogmen klang das nicht gerade. Sie sprach im Gegenteil schwärmerisch von ihm.

Dann: »Gehen wir mal gemeinsam weg?«

Ich hätte es nicht besser und kürzer formulieren können, doch einmal mehr kam Virág mir zuvor. »Gerne«, entfuhr es mir. Wir waren beim Ausgang des Clubs angelangt.

Auf dem Heimweg rief ich abermals Sebastian R. an. Die Nachricht, sie warte bloß auf seinen Antrag (ganz klassisch, sagte ich lachend, mit einer langstieligen Rose im Mund und auf Knien), schien ihn umzureißen. Doch er fing sich rasch, bekundete nach wie vor Zweifel an Virágs sexueller Ausrichtung.

»Gehen Sie bitte mit ihr fort. Und versuchen Sie, sie zu küssen. Also ..., wenn die Situation danach ist.« Ich dürfe, nein: solle Virág (für den Fall, dass ...) anbieten, bei mir zuhause weiterzumachen. Das klassische Vorgehen als Agent Provocateur also.

Am folgenden Wochenende, wir hatten mittlerweile Anfang Dezember, war es soweit. Wir verabredeten uns bei einem Italiener im vierten Bezirk. Am Vormittag schrieb Virág, ob drei Freundinnen mitkommen könnten, deren eine sie heute Morgen kontaktiert und die sie seit Urzeiten nicht mehr gesehen habe.

Natürlich. Kein Problem.

Alle vier waren entzückend. Und ich durchlebte einige dieser Stunden, die gelegentlich in meinem Job vorkommen, jene Momente, wenn moralische Bedenken an mir zu nagen beginnen, wenn das schlechte Gewissen den Menschen gegenüber Oberhand zu gewinnen drohte, denen ich mich gegenübersah und die frei von Argwohn mit mir umgingen, mir ihre Welten öffneten. Ich hatte famose Scampi, einen Zitronen-Ricotta-Kuchen hinterher und schon das eine oder andere Glas Pinot Grigio, als, inmitten des üblichen Girlie-Talks von Mode bis weiß Gott wo, vom Sex die Rede war.

»Habt ihr schon mal einen Dreier gehabt?«, fragte (ich glaube, sie hieß) Petra, geschätzt im selben Alter wie Virág, schwarzes, glänzendes Haar bis an die Schultern.

Wir alle sahen sie aus großen Augen an, lachten drauflos, kicherten. Und verneinten. Petra (?) ließ nicht locker. Sie habe da so gewisse Fantasien. Seit langem schon. Während die beiden anderen eher unentschlossen wirkten, was sie sagen sollten, machte Virág reinen Tisch.

»Auf keinen Fall«, rief sie mit fester Stimme. »Das ist doch wie fremdgehen. Mein Freund und ich und noch eine Frau … nein. Ich bin mir sicher, dass gerade ich hinterher besonders leiden würde.«

Petras Einwurf kam wie eine Steilvorlage beim Fußball. Als Stürmerin mit dem Zug aufs Tor, die ich nun mal war, musste ich sie übernehmen.

»Also ich«, hob ich an, »kann mir das schon vorstellen. Vorausgesetzt, mein Mann ist nicht dabei.«

»Ich hatte schon einmal Sex mit einer Frau.« Nun wieder Petra.

»Und?«, fragte ich.

Sie schmunzelte tiefgründig. »Sehr einfühlsam, kann ich nur sagen. Sehr einfühlsam. Es war richtig ... heiß. Frauen sind viel zärtlicher. Viel sinnlicher.«

Gekicher. Gekuder.

»Ich hatte auch schon mal ... also, mit einer Frau«, sagte Virág.

Ich hoffte, dass mein offenstehender Mund niemandem auffiel. Jedenfalls glaubte ich, dass er offenstand. Hatte sie bisher nur so getan, als ob ... oder besser gesagt: als ob nicht?

»Das war vor vier Jahren«, fuhr Virág fort. »Eine Rauschgeschichte bei einer Party. Genau genommen waren wir zu dritt. Drei Frauen. Bleibenden Eindruck hat es keinen hinterlassen. Also ... ein zweites Mal. Nein, sicher nicht.«

Ich hatte mir bereits ausgemalt, wie ich es später am Abend anstellen sollte, sie wenigstens zu einem ersten innigen Kuss rumzukriegen, doch genau da, als sie eine Wiederholung so entschieden und glaubhaft ablehnte, war alles gesagt. Dann noch zu versuchen sie zu verführen ... das wäre alles Mögliche gewesen, auf jeden Fall aber peinlich.

Unter einem Vorwand schlüpfte ich nach draußen, rief, noch frisch unter dem Eindruck des Gesprächs, Sebastian R. an. Selten habe ich einen Kunden so erleichtert vernommen wie ihn. Wir verbrachten noch einen tollen Abend, eine tolle halbe Nacht (die auf seine Rechnung ging, darauf bestand er).

Eine Woche später hielt Sebastian um Virágs Hand an. Wir trafen uns noch einige Male, doch ich hatte längst beschlossen, die Verbindung sachte, aber bestimmt auslaufen zu lassen. So sehr ich es bedauerte, doch eine Freundschaft (und die stand tatsächlich im Raum) wäre für mich unter diesen Umständen unmöglich zu führen gewesen. Ich hätte nicht anders gekonnt, als ihr diesen so wesentlichen, nein: diesen unsere Beziehung begründenden Umstand auf alle Tage zu verheimlichen, immer zu taktieren. Ich wäre mir vorgekommen wie der letzte A...

Und genau dieser Gedanke führt mich bereits mitten hinein in meinen nächsten Fall.

DIE OPFER-ARSCHLOCH-TAKTIK

Jedes Metier hat seine hellen und dunklen Seiten, seine Experten, Amateure und notorischen Besserwisser. Und natürlich seine Messen. Mode und Lifestyle, Wohnen und Interieur, Jagd, Autos, Modellbau, Geldanlagen, Bücher, Bestatter. Endlos die Reihe, endlos auch das Spektrum der Klientel, die sich da tummelt, von den Ausstellern über das Fachpublikum mit seinen Verkäufern und potentiellen Käufern bis zu den bloß Neugierigen oder denen, die nichts anderes zu tun wissen und im Gewusel rund um die Messestände willkommene Abwechslung suchen zur sonstigen Tristesse, zu den Tagen im Einkaufszentrum.

Und dann gibt es die Erotikmessen. Kein Fachgebiet weist eine so enorme Bandbreite auf zwischen totaler Hingabe und totaler Ablehnung, Pedanterie und Peinlichkeit, Schminke und Schmiere. Nirgendwo sonst sind die Schlagschatten schärfer gezeichnet, geht es um den Abgleich aus Trial und Error, um das Wechselspiel aus Glanz und Glitsch, Glamour und Glotzauge, Gleitgel und Glibber. Je nach Geschmack und Bedarf.

Alois ist Profi in Sachen Erotik. Gerade wenn es gilt, Menschen mit besonderen Tattoos zu schmücken. Oftmals an besonderen Stellen. Comic Style ist seine Spezialität. Sein Studio in München führt der Partner. Er selbst, weil gerne unterwegs, hat auf mobil umgesattelt, bietet seine Dienste zuhause auf der Couch an. Nicht jedermann, jederfrau behagt die Studioatmosphäre, wenn das markdurchdringende, dumpfe Surren seiner Maschine anhebt, das in manchen Ohren klingen mag wie das Kampfsummen einer genmutierten Killerhornisse und der Schmerz in einem fort zwischen Lende und Großhirn hin- und herzieht.

Seit neun Jahren ist Alois nun schon auf Achse. Und seit sieben tingelt er wie viele andere Profis auch von einer Messe zur nächsten. Berlin. Leipzig. Graz. Wallau. Hannover. Hohenems. Straubing. *Peckerl-Lois* rufen sie ihn, wenn er ab und an mal in Wien vorbeischaut.

Je kleiner die Messehallen, weiß Alois, desto größer das weithin sichtbare Vergilbte. Seien es abgehalfterte Pornostars, natürlich *eigens aus Übersee eingeflogen*, um auf klapperigen Bühnen klapperige Shows abzuziehen mit pseudo-heißen Titeln (von Aphrodite bis Gladiator) und schon mal, wenn es die Stimmung im Publikum verlangt, einem Stieläugigen in der ersten Reihe die Brille von der Nase zu streifen, sie ins Geschlecht einzuführen und unter Gejohle wieder über die glühenden Schläfen zu schieben.

Oder seien es ganze Wände voll mit Tutti Frutti, Lack und Leder, Bondage und Fetische aller Art, DVDs und Blurays mit einladenden Titeln wie »Drei Hengste auf Anal-Trip«, Giga-Masturbatoren mit Echthaar, Latex-Tangas oder Robo-Muschis mit beinahe echtem Fleisch ringsum. Workshop für den fachgerechten Gebrauch inklusive. Vieles erstrahlt im Glanz des Fabrikneuen, vielem haftet aber schon beim ersten Hinsehen der Wandercharakter an. Mancherlei findet auch nach Jahren nicht einen Abnehmer, bei dem es gerne auf dem Regal stünde. Gleich neben Charlotte Roche und Rilke.

Doch das Geschäft boomt. Auch für den *Peckerl-Lois*. Gerade für ihn als Tätowierer. Während Sex und sein Image immer noch um einen salonfähigen Auftritt ringen, haben Tattoos ihren Platz in der Mitte der Gesellschaft gefunden. Körperkunst ist längst im Mainstream angekommen. Und die Trends sind klar: Cubism, Blacklight, Watercolor, galaktische Motive, in Eintracht mit Klassikern wie Blumen, Tiermotiven, Sprüchen in feinen Schriftzügen. Anker und Arschgeweih dagegen sind definitiv out.

Alois zur Seite steht seine Frau, Agnes. Tagein. Tagaus. Von früh bis spät. Manchmal auch mehr, als ihm lieb ist. »Wie eine Haftelmacherin, deine Alte«, raunte ein österreichischer Kollege ihm mal zu. Er, als Bayer, verstand natürlich sofort. Weil sie so auf ihn aufpasse, den um neun Jahre jüngeren Hengst. Er runde vierzig, sie neunundvierzig. Wie auch, dass ihr Spitzname in der Branche, *Nessi*, nicht zwingend liebevoll gemeint ist.

Agnes F. kam mit konkreten Vorstellungen auf mich zu. Sie schrieb, ihr Partner würde, wo immer sie beide auf Tour seien, auf alles anspringen, was jung sei und Interesse an seinem Beruf zeige. Seine Bereitschaft, Handynummern zu tauschen, sei hoch, und er würde auch nicht zögern, sich über *WhatsApp* mit den Damen zu verabreden.

»Ich hätte gerne, dass er sich mit Ihnen oder jemand anders bei uns zuhause trifft. Am besten zwischen 20 und 21 Uhr. Ich werde dann zwei, drei Stunden nicht da sein. Tatsächlich warte ich eine Straße weiter. Sobald Sie oder Ihre Kollegin unser Grundstück betritt, komme ich angefahren. So habe ich mir das vorgestellt. Ich habe die Angebote auf Ihrer Homepage studiert. Es bringt nichts, wenn man mit Alois bloß übers Internet kommuniziert. Oder übers Telefon. Oder sich an irgendeinem anderen Ort etwas ausmacht. Das hatten wir alles schon. Mehrmals. Er behauptet mir gegenüber dann immer, er wäre nur zum Schauen hingefahren. Weil er wissen wollte, ob das alles ein Fake war. Können wir es so machen? Was kostet mich der Spaß?«

Der konkrete Tatplan, den Frau F. gefasst hatte, überraschte mich. Kaum jemand wendet sich an *Die Treuetester*, um das gewünschte Prozedere, durch das der Partner überführt werden sollte, so detailliert vorzugeben. Die meisten sind eher unsicher bis überfordert. Nicht so Frau F.

Ich sagte zu, suchte aus meinen Beständen eine geeignete Testerin (eine rassige Endzwanzigerin mit portugiesischen Wurzeln) und schickte ihr erste Einzelheiten. Als sie jedoch erfuhr, dass sie bei der Erotikmesse *Eros & Amore*, die parallel zum Münchner Oktoberfest abgehalten wurde, eingesetzt würde und auch, dass die Testperson vierzig Jahre alt, 1,74 groß und 115 Kilo schwer war, lehnte sie ab.

Eine andere Kollegin, bedeutend weiter weg wohnhaft, sagte jedoch zu. Nicole war Mitte dreißig, rothaarig und hatte tolle Kurven. Eine hochgradig kontaktfreudige Frau, die obendrein mal als Stripperin gearbeitet hatte. Inzwischen hatte mir Anges F. Einzelheiten über ihren Tattoo-Stand bei der Messe übermittelt. Name. Genauer Standort. Dazu ein Foto von Alois. Im Gegenzug bekam sie, nach Absprache, eines von der Testerin. Und: Sie würde zwar ebenfalls vor Ort sein, doch immer wieder mal den Stand verlassen und auch so tun, als bekäme sie von einer Annäherung nichts mit.

Gleich am Morgen nach dem ersten Treffen am ersten Messetag rief Nicole mich an. »Der Köder ist ausgelegt«, sagte sie. »Aber der Kerl wirkte verdammt nervös.«

Sie schilderte, wie sie mit einem Pärchen über Sadomaso-Praktiken und Swingen ins Gespräch gekommen sei, immer in Hörweite von Alois und wie er sich, zwischen Kundenanfragen und dem Stechen kleinerer Tattoos, immer wieder eingemischt habe, doch nur am Rande. Sadomaso, sagte er, sei nicht so sein Ding. Über Stunden habe sich das hingezogen. Dabei habe er auch stets mit mindestens einem Auge nach seiner Frau geschielt.

Einmal, erzählte sie, seien alle in schallendes Gelächter ausgebrochen, weil jemand von einem Pilotprojekt für Blinde gesprochen habe. Dass es in Berlin erstmals eine »Fühl-Führung« gegeben habe, ganz entgegen den Prinzipien, dass bei solchen Messen immer nur geschaut werden dürfe, niemals gegrapscht. Die Fantasie sei da mit dem einen oder anderen durchgegangen, auch mit Alois. Die Stimmung sei daraufhin locker bis ausgelassen gewesen. Sie habe ihm schöne Augen gemacht und sie hätten Nummern getauscht. Er sei jedoch, wie er anmerkte, schon mehrmals auf die Schnauze gefallen. Sie, Nicole, komme leider um fünf Jahre zu spät.

»Das ist ein Grund«, sagte Nicole. »Aber kein Hindernis.«

Entscheidend war allerdings: Er hatte ihre Nummer. Sie seine. Und sie hatten noch am selben Abend die eine oder andere Nachricht ausgetauscht, wenngleich harmloser Natur. Ich informierte Agnes F. umgehend über den Verlauf. Sie schrieb zurück:

»Ich merke es ihm an, dass er darauf eingehen will. Sagen Sie Ihrer Testerin, sie soll ihm unbedingt weiterschreiben. Er hat sein Handy jetzt auf einmal immer bei sich. Dicht am Körper. Er verhält sich auch anders als sonst. Bei den banalsten Dingen.«

Frau F. wünschte ein Treffen zwischen Nicole und ihrem Alois. Sie nannte mir auch mehrere Termine, an denen sie nicht zuhause sein würde. Dabei fiel mir auf, dass sie darauf bestand, ein Tête-à-Tête müsse auf jeden Fall bei ihnen in einem Vorort von München stattfinden. Die Testerin solle Alois in diese Richtung weichkochen.

Merkwürdig.

Zumal ich mir nicht vorstellen konnte, dass ein Mann (so mächtig der Hormonschub auch sein mochte) tatsächlich so blöd sein konnte, diesen Braten nicht zu riechen. Das stank doch kilometerweit gegen den Wind. Er sollte sich, in den eigenen vier Wänden, auf etwas einlassen an einem

Tag, an dem seine Frau nicht zugegen sein würde (was sie ihm zuvor laut und deutlich angekündigt hatte). Und Nicole sollte ihm, oh Zufall, genau einen dieser Fenstertage für das perfekte Date vorschlagen.

Fragen über Fragen türmten sich auf. Wieso legte Agnes F. es darauf an? Wieso ließ Alois sich im Gegenzug auf ein Nachrichtenspiel mit Nicole ein, das sich nun doch zunehmend erotisch auflud, obwohl er dabei immer beteuerte, eine glückliche Beziehung zu führen? Warum unbedingt im eigenen Heim? War es letztlich nicht gleichgültig, wo sie ihn der Untreue überführte?

Mittlerweile hatte der Chat zwischen Nicole und Alois an Intensität und Intimität zugelegt. Er schrieb von seiner geplanten Sterilisation (auf *Nessis* Drängen). Sie von feuchten Träumen und von *Fifty Shades of Grey*, den sie habe allein anschauen müssen. Er von den erstaunlichen Fähigkeiten seiner Zunge. Sie von der Verlassenheit ihrer Muschi, hier, so ganz allein, im Büro. Leckermäulchen hin, Zuckerschnute her. Zwischendurch verabschiedete Alois sich immer wieder, ging offline, um ausgiebig zu duschen. Fotos wurden getauscht, Videos. Der Ablauf steuerte auf ein klar vordefiniertes Ende zu. Auch über ein Treffen wurde hin und her geschrieben. Ein konkreter Vorschlag von Nicole genannt. Ein Ort. Ein Tag. Eine Uhrzeit.

Dann: Abbruch.

»Sorry. Das spielt's nicht. Ich bleibe meiner Frau treu.«

Zugleich blockierte er Nicole auf *WhatsApp*. Alois hatte kalte Füße bekommen und die Notbremse gezogen.

Ende des Auftrags? Mitnichten.

Agnes F. setzte unerbittlich nach. Alois habe zwar die Nummer der Testerin gelöscht, er sei jedoch brunftig wie ein oberbayerischer Zuchtstier, schrieb sie. Nicole wohne ihm bloß zu weit weg. Er wolle partout nicht, dass sie zu ihm komme, was ja nachvollziehbar sei und könne es seinerseits nicht unterbringen, zu ihr zu fahren. Zeitmäßig. Das sei alles. Weil es ihr, Agnes, auffallen würde, nachdem sie praktisch alles gemeinsam machten. Und weil er wüsste, dass sie den Tachostand seines blauen Vans ablas. Nicole hätte ja seine Nummer. Sie solle ihm in den kommenden Tagen eine SMS schreiben. Etwas wie: Ich bin kommende Woche in deiner Nähe beruflich unterwegs. Ein Fortbildungsseminar. Na, wie wäre es? Überleg es dir doch noch einmal! Bitte!

Nicole tat, wie gewünscht. »Warum ignorierst du mich auf einmal? War ich zu forsch? Ich begehre dich doch so, mein Kater. Es tut mir leid, wenn ich dich gedrängt habe. Gib mir noch eine Chance. Gib uns noch eine Chance!«

Schweigen.

Also forderte Agnes F. ein Telefonat. Mit unterdrückter Nummer. Nicole solle sich am Riemen reißen und ihre ganzen Qualitäten in die Waagschale werfen. Ihre gesammelten weiblichen Überredungskünste.

»Liebe Frau F.«, schrieb ich anderntags per Mail, »unsere Testerin hat Ihren Mann am Telefon erreicht. Sie hat sich entschuldigt für ihr forsches Auftreten. Sie hat ihm von ihrer Sehnsucht nach seiner körperlichen Nähe vorgeschwärmt. Davon, dass Sie, seine Frau, nichts von alledem erfahren müssten. Seine Antwort war: Sie könnten gerne in Kontakt bleiben. Er wolle Sie jedoch nicht betrügen. Ihre Frage, ob er fremdzugehen gedenkt oder nicht, ist hiermit wohl ausreichend beantwortet. Kann es sein, dass Sie genau das mit aller Gewalt erreichen wollen?«

Die Antwort folgte auf den Fuß. »Da liegen Sie von Grund auf daneben«, schrieb Agnes F. Neunmal habe er sich im Laufe der Jahre schon mit anderen Weibern verabredet. Entweder sei bei den Damen etwas dazwischengekommen oder sie selbst habe ihm einen Strich durch die Rechnung gemacht. Dreimal sei er sogar schon auf dem Weg gewesen, jedoch von ihr selbst oder einer Freundin gesehen worden, sodass er gerade noch die Kurve gekratzt habe. Er habe Besserung gelobt, habe geschworen, sich nie wieder auf derlei einzulassen. Um dann doch wieder fleißig hin und her zu chatten. Er sei inzwischen vorsichtig und hellhörig geworden. Sie schicke mir drei neue Termine für ein mögliches Treffen. Sie werde es so einrichten, offiziell auswärts zu sein.

Ich muss gestehen, ich war hin- und hergerissen. Wer sagte nun die Wahrheit? War es um Alois' Treuegelübde tatsächlich so mies bestellt? Oder hatte ich es mit einer Frau zu tun, die – weshalb auch immer – ihren Mann mit aller Gewalt in eine Affäre treiben wollte? Brauchte sie diesen Anlass, um ihn loswerden zu können und zugleich als die Bedauernswerte, die Betrogene, die zeitlebens Hintergangene dazustehen? Vor allen Freunden, Bekannten, Verwandten?

Wenn ja, was sollte diese Opfer-Arschloch-Taktik, die mir in meiner Agenturarbeit schon mehrmals, nie jedoch in dieser Ausdauer und Aufsässigkeit untergekommen war, bewirken? Wem war damit gedient? Ging es ums Geld? Gab es einen Ehevertrag, der ihn bei erwiesener Untreue knebelte? Vernichtete?

Es war bizarr. Ich hoffte, tiefere Einblicke in die Psyche meiner Auftraggeberin gewinnen zu können, erhellende Fakten zur Beziehung des Tätowierer-Pärchens, um sie zu verstehen. Weil meine Arbeit immer nur Momentaufnahmen einfing, den Blick durch ein winziges von vielen Fenstern, durch die das Zusammensein zweier Menschen nach außen drang, wobei eine Vielzahl von Fenstern für die Außenwelt ohnedies gänzlich verschlossen blieb. Und zugleich wünschte ich mir, niemals durch dieses Fenster geblickt zu haben.

Mittlerweile waren einige Wochen verstrichen. Nicole nahm einen erneuten Anlauf. Diesmal auf die sanfte Tour. Sie wolle einfach nur in Kontakt mit ihm bleiben.

»Er chattet jetzt sogar, wenn ich dabei bin«, schrieb Agnes F., »und wenn ich zu ihm hingehe oder ihn anspreche, schaltet er schnell auf ein Handyspiel um. Ich denke, jetzt ist er tatsächlich reif für ein Treffen. Wissen Sie, er ist ein echter Pascha. Er liebt es, wenn man ihm Honig ums Maul schmiert. Man muss dem Herrn halt etwas auf die Sprünge helfen.«

Auf die Sprünge helfen? Wohin?

Wider alle Prognosen vereinbarten Nicole und Alois eine Woche später tatsächlich ein Treffen. Zwanzig Kilometer außerhalb von München. Drei Stunden vor dem Treffen sagte er es ab und reagierte auch auf nichts mehr.

Ich tat an einem sonnigen Vormittag im Spätoktober, was ich für gewöhnlich nicht tue, doch schon längst hätte tun sollen. Gegen das Drängen von Frau F. auf Fortführung, erstattete ich ihr einen Teil ihres letzten Honorars zurück. Und brach den Test ab.

Ein für alle Mal.

Die Besessenheit dieser Frau verfolgte mich noch lange. Anfangs durch ihre nur allmählich ausdünnenden Mails, später immer noch in Gedanken. Und sie brachte mir einen ähnlichen Fall von Fanatismus und Zwang in Erinnerung, der erst ein paar Monate zurücklag und nicht bloß mir Gänsehaut bescherte.

KAROTTENMANN

Blut, Haare, Speichelproben (Wangenabstrich), Nägel, Sperma, Fruchtwasser, Sekrete, Körpergewebe (Hautschuppen). Sie alle sind, in ausreichender Menge und nach Möglichkeit unverfälscht, als primäre Datenträger höchst willkommen.

Desgleichen Zahnbürsten, Zigarettenstummel, Kämme, Kaugummis, Getränkedosen und alle möglichen und unmöglichen Gegenstände des täglichen Lebens, die zynische, übel gelaunte Kommissare ihren ebenso übel gelaunten, ebenso zynischen Kollegen der *SpuSi* in durchsichtigen Plastiksäckchen nachtragen, als sekundäre. Und, wenn es denn gar nicht anders geht: Knochenmark, Muskelgewebe, ein Stück Nabelschnur, ein Kondom, eine Damenbinde, ein Zahn, ein Batzen Ohrenschmalz.

Sie alle und noch mehr taugen für den berühmten DNA-Test, den ich jedoch, weil es in dieser Geschichte um bemerkenswerte Konsequenz geht, ebenfalls konsequenterweise DNS-Test nennen möchte: Desoxyribonuklein… und S wie Säure (weil das A bekanntermaßen für das englische acid steht, sich aber, scheint's, auf alle Tage durchzusetzen gedenkt).

Die Liste von DNS-untauglichem Material ist endlos (auch wenn es darum geht, die Untreue eines Partners zu beweisen oder ihn zu entlasten), aber ganz weit oben stehen bestimmt die diversen Gemüsesorten, insbesondere, wenn sie nicht mehr die frischesten sind, flächig überwuchert von weißlichem Flaum. Mancherorts nennt man es auch Schimmel.

*

Doch alles schön der Reihe nach.

Dort, wohin die Reise geht, nach Vorarlberg im äußersten Westen Österreichs, wäre diese Geschichte noch vor zwanzig Jahren auf Nimmerwiedersehen im Gedächtnis eines einzelnen Menschen vergraben geblieben, vielleicht noch eines Mitwissers, wäre mit allen beiden ins Jenseits gewandert, hätte niemals Eingang in irgendeine Chronik oder Statistik gefunden. Geschweige denn in ein Buch. Bestenfalls hätten sie für Anekdoten gereicht, die verstohlen von Haus zu Haus schlichen, ehrfürchtig wie von Kirchenbank zu Kirchenbank geflüsterte Namen von Heiligen. Wir reisen in eine Region, wo sich Legenden um Familiendynastien rankten. Ja, sogar bis vor zwei Jahrzehnten noch, zu einer Zeit also, wo die Welt noch um vieles größer war und sowohl das Internet als auch ich in den Kinderschuhen steckten.

Wir befinden uns in einem Tal, das gesäumt wird von einer Reihe von Gipfeln jenseits der Zweitausend mit so klingenden Namen wie: Türtschhorn, Hochblanken, Gungern,

Holenke, Sünserkopf oder Glatthorn. Wir befinden uns im Bregenzerwald.

Ein (räumlich wenigstens) entlegenes Gehöft. Gleich hinterm Haus dampft ein Misthaufen, dahinter steigt das Gelände steil gegen das schroffe Gebirge an. Letzte gräulich-weiße Zeugen des verklungenen Winters blitzen von den Spitzen herab. Von der Alm herab zu hören ist, fern und dünn, das Gebimmel von Kuhglocken. Doch die Welt und dieser entlegene Flecken sind längst zusammengerückt, nur einen Mausklick voneinander entfernt. Eine Homepage wird studiert, für gut befunden. Und so geht an einem Morgen Anfang Juni ein Paket auf Reisen. Quer durch Österreich in den äußersten Osten.

Am selben Tag erreichte mich ein SMS.

»Grüß Gott, Frau Kersten,

ich habe Ihnen ein Paket geschickt. Wenn es ankommt, rufen Sie mich bitte an.

MfG,

Matthias R.«

Ich wusste, das Paket würde mich unter normalen Umständen nicht erreichen, also rief ich Matthias R. an. Fehlanzeige. Dafür schickte er abermals eine Nachricht mit dem Vermerk, nur per Nachricht kommunizieren zu wollen.

Ist der Kunde immer König?

Fürs Erste befand ich: ja. Also ließ ich mich auf ein Hin und Her von Botschaften ein, an deren Ende so viel festzustehen schien: Matthias R. hatte ein Paket an meine Privatadresse im Umland Wiens (!) geschickt, das jedoch an ihn zurückging, weil ich schon seit längerer Zeit im Ausland weilte, der Nachsendeauftrag aber bloß innerhalb Österreichs lief. Endlich rückte er auch damit heraus, was er mir geschickt hatte und was er wollte:

Damenslips. Gebrauchte. Drei Stück. Im Fall von Sperma-Nachweis wünsche er auch eine DNS-Analyse.

Ich bat ihn, die für diese Fälle übliche, auf meiner Site explizit angeführte Abfolge einzuhalten, die da wäre: eine genaue Absprache des Vorgehens mit mir. Dazu Vorauskasse für die drei Sperma-Analysen (schließlich kostet ein Test im Labor meines Vertrauens mehr als 200 Euro, das Ganze mal drei. Und die Kosten für einen, bei drei Treffern sogar bis zu drei DNS-Tests, standen ebenfalls im Raum.).

Außerdem müsse er geeignetes Ausgangsmaterial zum Vergleich mit den Proben schicken: Mundhöhlenabstrich, Kaugummi, das hatten wir ja schon eingangs. Alles in geeigneter Verpackung (also keinesfalls in fusselnde Tücher eingewickelt, sondern so steril wie möglich). Auch wies ich ihn darauf hin, dass dieser Test nur Sinn mache, wenn er für mehrere Tage, idealerweise aber zwei Wochen selbst keinen Verkehr mit seiner Frau oder Lebenspartnerin oder wem auch immer habe (um wen es ging, konnte ich nur mutmaßen) und die Proben aus diesem Zeitraum schicke. Schließlich, schrieb ich, geschehe es immer wieder, dass die weibliche DNS die männliche in einem Slip überlagere und das Ergebnis keinesfalls aussagekräftig wäre.

Matthias R. obendrein das Testprinzip via SMS zu erläutern, wäre äußerst mühsam gewesen, doch ich hatte nicht den Eindruck, dass er Einzelheiten wissen wollte. Ihm genügte das Resultat vollauf. An dieser Stelle jedoch ein paar Worte dazu:

Beim so genannten PSA-Test (prostataspezifisches Antigen) handelt es sich um einen Proteinnachweis, der auch im Fall von Prostatakrebs zur Anwendung kommt. Sperma enthält dieses PSA und kann im Idealfall (zum Beispiel auf Kleidung) auch nach dreißig Jahren noch nachgewiesen werden. Dabei wird ein Teil der Spuren ausgeschnitten, in einem so genannten Puffer aufgelöst und auf Antikörper-Reaktionen getestet. Im Detail bedeutet das eine Menge Fachchinesisch, das tief in den Bereich der Chemie hineinreicht. Wichtig ist: Enthält die Probe Spuren des Proteins PSA, das bei jedem Samenerguss ausgeschieden wird, erscheint auf der Testmembran eine rot eingefärbte Linie. Bei negativem Ergebnis bleibt die farbliche Reaktion aus.

Matthias R. schickte seine Slips erneut auf Reisen. Diesmal an die Adresse des Labors, die ich ihm gegeben hatte. Dort hatte ich vorab Bescheid gegeben, dass alles seine Ordnung habe. Am Folgetag der Analyse bekam ich das Resultat auf den Tisch: In allen drei Slips wurde Sperma nachgewiesen.

Per Telefon ging bei dem Kunden aus dem Ländle wieder mal gar nichts. Per SMS einigten wir uns auf die DNS-Analyse. Matthias R. schickte einen Mundhöhlenabstrich von sich selbst zum Vergleich. Ergebnis: Die männliche DNS in allen drei Slips war schwach, weil – wie befürchtet – von der weiblichen überlagert.

»Sehr geehrter Herr R., hier die Details der Analyse«, schrieb ich. »Beim Y-Chromosomen Profil erhält das Labor zwar eine DNS und wir wissen daher, dass eine männliche Person beteiligt ist. Für das normale Profil jedoch ist der männliche Anteil in der Mischung zu schwach. Wir müssen den Test leider wiederholen.«

Nun kam (typisch Vorarlberg, könnte man meinen) die Lawine aus dem Bregenzerwald erst so richtig ins Rollen. Doch anstelle von Schneemassen rollten die Pakete. Auftakt: drei Slips, zwei Slipeinlagen, ein Taschentuch. Auftrag: Spermaspuren. Wenn positiv, DNS-Abgleich.

Vorsichtshalber fragte ich zwischendurch nach, schließlich wollte ich dem Kunden nicht das Gefühl vermitteln, ihm würden unnötige Kosten aufgebrummt. Außerdem tat er mir auf eine gewisse, instinktgesteuerte Weise leid, obwohl ich so gut wie nichts über den Vorarlberger wusste. »Haben Sie den Geschlechtsverkehr mit Ihrer Frau für die Zeit der Proben eingestellt? Das ist ganz, ganz wichtig! Sammeln Sie bitte nur Unterwäsche Ihrer Frau aus diesem Zeitraum!«

Keine Antwort.

Befund aus dem Labor: fünf von sechs Treffern. Die Frau des Vorarlbergers schien ein recht reges Sexleben zu genießen. Irgendwann ging Matthias R. dann doch ans Telefon oder rief zurück, um ein paar wirre Sätze mit mir zu wechseln und augenblicklich wieder ins Nirwana der Kurznachrichten abzutauchen.

So viel war mir bis dahin klar: Im Kopf dieses Mannes mit der Krächzstimme und dem für mich als Deutsche nur schwer verständlichen Idiom (auch wenn er sich nach Kräften bemühte, eine Art Hochdeutsch zu reden) musste sich ein böser, ein bitterböser Gedanke eingenistet haben. Breit und resistent gegen alles und jeden. Ich fragte ihn, wieder per SMS, ob er einen Verdacht gegen eine bestimmte Person hege. Lange Zeit nur Schweigen, dann:

»Einer meiner beiden Brüder. Sie sind Zwillinge.«

Ich saß breit und bequem auf der Couch, als ich die Nachricht las. Im Fall eines schmalen Hockers wäre ich wohl heruntergestürzt.

Brüder?

Abgesehen von der persönlichen Tragik, die mir vor Augen stieg, veränderte das auch den Testablauf gänzlich. Männliche Blutsverwandte besitzen eine ähnliche DNS, um Sicherheit zu erlangen, wären zusätzliche, weiterführende Tests vonnöten.

»Weitermachen«, schrieb Matthias R. aus dem fernen Ländle.

Also liefen die Laborzentrifugen abermals an. Teilweise waren die Spuren erneut von der weiblichen DNS überfrachtet, bei anderen konnte Herr R. selbst mit einer Wahrscheinlichkeit von knapp 85 Prozent selbst als Spurenleger ausgemacht werden. Er tat es also nach wie vor mit ihr. Mittlerweile beliefen sich die Kosten bereits auf mehrere tausend Euro. Und dann kam die Sache mit dem DNS-untauglichen Material.

»Was ist das für ein Kunde, Frau Kersten? Das ist eine Zumutung. Wir sind hier ein Labor, wo unter größtmöglicher Hygiene gearbeitet wird und keine Kompostieranlage.«

Ich werde den Tonfall der Dame aus dem Labor niemals vergessen, als sie mich eines Morgens kurz nach neun anrief. Diese Mischung aus Ungläubigkeit und Fassungslosigkeit, garniert mit einem Schuss Heiterkeit, diese Art von Lachen, wenn man dem Schrecken nicht mehr anders zu begegnen weiß.

»Was meinen Sie?« Schließlich hatte ich keine Ahnung, was geschehen war.

»Ihr Kunde hat wieder Slips geschickt. Und wieder gebrauchte Damenbinden. Und er hat Karotten geschickt«, sagte sie. »Vergammelte, sprich: von oben bis unten verschimmelte Karotten.«

Da blieb auch mir die Luft weg. Offenbar stammten die Karotten (oder Möhren, wie wir Deutsche sagen) vom Misthaufen hinterm Haus. Offenbar nahm Matthias R. an, einer seiner Brüder hätte seine Frau damit penetriert. Ob sie bereits verschimmelt losgeschickt worden waren oder sich erst unterwegs so verändert hatten, war unklar, spielte aber angesichts der Unbrauchbarkeit keine Rolle.

Zehn Proben (die Karotten nicht eingerechnet) wollte Matthias R. mit der Gammelsendung analysieren lassen. In Summe sollten es nun bereits 19 Proben sein, innerhalb von drei Wochen genommen. Wenn etwas feststand, so war es die Sexfreudigkeit seiner Ehefrau, wie ich nun doch wusste. Acht dieser zehn neuerlichen Proben waren wiederum positiv. Drei davon (warum das jetzt?) sollten auch mit seiner DNS abgeglichen werden.

Die Sache wurde immer mysteriöser.

Ein neues Paket kam angeflogen, natürlich wieder, ohne mir zuvor Bescheid zu geben. Ein gebrauchter Einwegrasierer, daran ein Schildchen mit der Aufschrift: SOHN. Matthias R. wollte demnach sichergehen, ob sein Sohn auch wirklich seiner war.

Ich rechnete bereits mit dem Schlimmsten, doch dann konnte ich ihm Entwarnung simsen: »Ihr Sohn ist Ihr Sohn.«

Ein neues Paket kam angeflogen. Darin eine Zahnbürste. Aufschrift: TOCHTER.

Irgendwann, inmitten dieses Tohuwabohus aus Paketen und Analysen, Kurznachrichten und misslungenen Anrufversuchen, teilte mir das Labor mit: »Ihr Kunde, Frau Kersten, ist uns nicht unbekannt. Der hat früher schon mal ein Kind bei uns testen lassen.«

Was war los mit Matthias R.? Mit ihm und seiner ganzen Familie?

Noch während die neuerlichen Analysen (diesmal zu seiner Tochter) liefen, kam, nein: kein Paket. Ein SMS: »Könnten Sie bitte meine Frau observieren?«

»Das wird nicht billig.«

»Ich weiß. Trotzdem.«

Er wolle wissen, was sie nach der Arbeit treibe (sie jobbte in der nächsten Stadt in einem Büro). Er müsse zuhause auf sie warten, weil die Dinge eben seien, wie sie seien, und aufgrund der geografischen Lage, weil *innergebirglich*, gehe das Signal immer wieder aus, sodass er …

Welches Signal?

Das vom GPS-Sender auf der Bodenplatte ihres Wagens.

Immer noch war der Kunde König. Also beauftragte ich eine Detektei. Sie schossen Fotos, wie jemand Frau R. vor dem Büro in Empfang nahm. Keine verfänglichen Bilder. Einfach nur ein Mann und eine Frau, die ein paar Worte wechselten und gemeinsam fortgingen.

»Ja, das ist einer meiner Brüder«, schrieb Matthias R.

Zwischenzeitlich war das Ergebnis des zweiten Vaterschaftstests da. »Die Vaterschaft von Matthias R. zur Spurenlegerin ist anhand der geschickten Proben praktisch ausgeschlossen.«

Auch das noch. Ein Kuckuckskind. Weiters ergab der Befund, dass zwischen Matthias R. und der Spurenlegerin (seiner vermeintlichen Tochter also) ein enges verwandtschaftliches Verhältnis bestehe. Entweder war sie seine Nichte. Oder seine Enkeltochter.

Abgründe klafften auf. Ich malte mir die schlimmsten Szenarien aus. Bis hin zum Inzest. Mittlerweile stand alles im Raum. Alles war möglich. Ob einer seiner Brüder der Vater war oder nicht, stand hingegen nicht eindeutig fest. Ebenso wenig, ob die Spermaspuren in den Slips seiner Frau von einem seiner Brüder stammten. Der definitive Beweis stand immer noch aus. Oder waren manche Proben bloß vertauscht worden? Konnte die Lösung so banal sein? Jetzt, nach all dem, was vorgefallen war?

Inmitten all dieser Unwägbarkeiten schlug ich Matthias R. vor (weil's scheinbar eh schon wurscht war), seine Frau über einen längeren Zeitraum intensiver observieren zu lassen.

»Das wird mir zu teuer«, schrieb er zurück. Dann riss der Kontakt ab. Ich hörte nie wieder etwas aus dem Bregenzerwald.

SCHRECKEN OHNE ENDE?

Noch einmal ein Hauch von Laboratmosphäre, beginnend mit einer geradezu sterilen Stimme. Sie war auf eine ungewöhnliche Art flach und körperlos, fast wie ein sirrender Draht, der etwas zu locker gespannt war. Alterslos. Ich hätte nicht annähernd einzuschätzen vermocht, ob sie Mitte zwanzig, Mitte dreißig oder Anfang fünfzig war.

Doch der Anrufer kam mir zuvor.

»Ich habe eine hässliche Scheidung hinter mir«, surrte er. »Und dann, vor drei Jahren, die schlagartige Wende.«

Das völlig Unverhoffte für den Mann von 46 Jahren, der er damals schon gewesen sei. Sie um 14 Jahre jünger. Doch sie beide hätten augenblicklich, über diesen Unterschied hinweg, jenen Gleichklang der Seelen gespürt, der so gerne für Kitschserien herangezogen würde. Die Stimme des Mannes war nun fester, fülliger, und er klang unvermutet wie jemand, der zwar die Existenz eines zweiten Frühlings kategorisch ausschloss, zumindest für sich selbst, aber dann, als das Wunder wider alle Logik eintrat, umso kräftiger, umso entschlossener zupackte.

»Und was kann ich für Sie tun?«, fragte ich etwas verunsichert.

»Ich glaube, sie betrügt mich.« Dann wieder das anfängliche Sirren.

Ein welliges Auf und Ab innerhalb weniger Sätze. Ein hohes Spiel aus Kämmen und Tälern, das deutliche Rückschlüsse auf den Sturm zuließ, der in ihm toben musste.

Vor 14 Monaten sei das Glück nicht mehr zu überbieten gewesen. Die Geburt ihrer gemeinsamen Tochter. Sein sehnlicher, in der Ehe unerfüllt gebliebener Kinderwunsch. Doch dann, mit der Geburt, dieser Veränderung, da habe sie sich emotional von ihm entfernt. Kaum noch Sex. Und seit einem halben Jahr überhaupt nicht mehr.

»Das ist noch nicht so ungewöhnlich«, hörte ich mich sagen, wenngleich ich es in der Sekunde bedauerte. Das half dem Anrufer keinen Deut weiter. Dennoch war es ein weithin bekanntes, weithin verbreitetes Phänomen, dass Paare mit einem Neugeborenen sexuell nicht mehr in die Gänge kamen. Das hatte mit Aufmerksamkeit für das Baby tun. Mit Eifersucht, weil alle Liebe scheinbar nur noch in eine Richtung floss. Oder damit, dass Frauen sich nicht mehr attraktiv fanden. Oder die Hormone verrücktspielten. Oder auch, weil einfach sie nicht oder zu wenig darüber redeten. Und einige Ursachen mehr.

Jörg Z. aus dem Großraum Darmstadt hatte jedoch so ein Gefühl. Und er begründete es auch recht plausibel: Sie sei zunehmend abweisend. Sie komme häufig später als üblich nachhause, vor allem, wenn sie einkaufen war. Wenn auf dem Heimweg von der Arbeit Unvorhergesehenes geschah, etwa eine Autopanne (die beiden führten eine moderne

Partnerschaft, sprich: sie ging nach vier Monaten wieder ihrem alten Job im Büro nach und er, weil ohnedies freiberuflich, arbeitete nun die meiste Zeit von zuhause aus). Oder wenn sie hoffnungslos im Stau steckte. Oder in den Geschäften überall elendslange Schlangen an den Kassen waren.

Irgendwann, nach Monaten, sei ihm aufgefallen, dass diese Ärgerlichkeiten an den immer selben Wochentagen auftraten. Er habe begonnen, darüber Buch zu führen. Und er habe bereits überlegt, ihr hinterherzufahren. Aber mit der kleinen Nele zuhause? Die brauchte schließlich ihren Tagesrhythmus.

Irgendwann habe er dann auch begonnen, an diesen bestimmten Wochentagen ihrer Wäsche hinterherzuspionieren. Er habe sie aus der Wäschetonne ausgegraben und inspiziert.

»Und?«

»Das sah aus wie eingetrocknetes Sperma.«

»Das könnten aber auch körpereigene Flüssigkeiten Ihrer Freundin sein«, warf ich ein.

»Ich weiß«, erwiderte er. »Deshalb habe ich zu Beginn auch im Internet recherchiert.« Zwei prinzipielle Möglichkeiten seien ihm untergekommen. Die einen, so genannte Home-Kits, erschienen ihm zu unsicher. Deshalb entschied er sich für Plan B.

Die Treuetester.

Es war offenkundig, dass ihn zum einen schwere moralische Bedenken belasteten, seine Freundin überhaupt testen zu lassen. Es war nichts anderes als das Eingeständnis, dass er ihr längst nicht mehr traute. Zum anderen quälte ihn die Ungewissheit bis aufs Blut. Seit vielen Wochen nun schon.

Jörg Z. hatte seine Wahl ohnedies längst getroffen, indem er mich anrief. Ich erläuterte ihm die altbekannten Modalitäten. Welche Proben wir benötigten. Und wie sie am besten verpackt zu sein hatten: in Papier eingeschlagen, nicht in Plastik. Und idealerweise von ihm mit Plastikhandschuhen angefasst. Den Hinweis, dass der Test nur bei Damenunterwäsche wirklich Sinn machte, weil bei Männern immer im Raum stand, Spuren könnten vom Masturbieren stammen, ersparte ich mir aus verständlichen Gründen. Sich auf der Suche nach einem Corpus Delicti auf die Shorts des Mannes zu stürzen, nachdem er pünktlich wie immer von der Arbeit heimgekehrt war, machte wohl wenig Sinn. Oder machte es vielleicht gerade dann Sinn?

Gelegenheiten fanden sich immer und überall. Heutzutage mehr denn je. Und solange ein Partner, eine Partnerin glücklich war, neigten Menschen dazu, über ihren sonst geschärften Blick für potentielle Konkurrenz einen Filter zu legen. Die renommierte, bereits verstorbene US-Paartherapeutin Shirley P. Glass hat das in ihrem Buch *Die Psychologie der Untreue* sinngemäß so beschrieben: Interesse schaffe Gelegenheit, während Desinteresse Blindheit gegenüber Gelegenheiten schaffe. Männer und Frauen würden demzufolge eine Zeitlang Zeichen, die sie erkennen müssten, als solche nicht wahrnehmen oder einfach beiseiteschieben und ausblenden.

Darüber war Jörg Z. jedenfalls längst hinweg. Ich gab ihm die Adresse und er sandte einen Slip seiner Freundin ans Labor. Schon am nächsten Tag bekam ich das Ergebnis.

»Ist es gerade ungünstig bei Ihnen?«, fragte ich zaghaft, als er abhob.

Nein, nein. Kein Problem. Als ich ihm das Resultat mitteilte, brach eine schwere Stille herein.

»Möchten Sie, dass wir zusätzlich einen DNS-Test machen?«, sagte ich nach endlosem Schweigen auf beiden Seiten. Jörg Z. brachte fast kein Wort mehr heraus. Mit brüchiger Stimme verneinte er. Er wisse nun, was er wissen müsse. Das genüge.

Tausend Gedanken schossen mir durch den Kopf, als er das Gespräch mit einem knappen Danke beendete. Wie unendlich schwierig es doch sein konnte, Veränderungen eines Partners richtig zu deuten. Manche Fremdgänger verhielten sich gleichsam über Nacht wie die übelsten Feinde, brachen wegen Nichtigkeiten Streit um Streit vom Zaun, isolierten sich völlig. Andere mimten den Mustergatten, die Mustergattin, waren zuvorkommend wie schon lange nicht mehr, erledigten mit der allergrößten Energie und Selbstverständlichkeit Aufgaben, die zuvor monatelang brachgelegen und Daueranlass für Diskussionen gewesen waren. Wiederum andere begehrten ihn oder sie auf einmal auf eine Weise, dass im Bett oder im Auto oder im nächsten Park die Funken sprühten.

Einmal mehr war ich durch Jörg Z. damit konfrontiert, wie abweichend von eigenen Ansichten die meiner Kunden sein konnten. Für jeden endet die Treue und beginnt die Treue anderswo. Es gibt keine Standards, keine Gesetze, an die es sich zu halten gilt. Für die einen beginnt Untreue erst beim vollzogenen Sex, für die anderen beim heimlichen Zuspielen von Telefonnummern. Das Spektrum dazwischen: ein endlos weites Feld. Darum ist diese immer die wichtigste Frage an meine Kunden:

Was genau wollen Sie wissen?

Es gibt tausend Gründe, treu zu bleiben. Und mindestens ebenso viele, für Außenstehende meist nicht zu begreifen, es nicht zu sein. Sie sind keine Mehrheit, doch für manche der von mir und meiner Agentur Getesteten hege ich volles Verständnis, je mehr ich über ihren Partner oder die Partnerin (meine Auftraggeber) weiß. Je tiefer ich durch das mir geöffnete Fenster blicken kann, je mehr sie sich mir gegenüber dahingehend offenbaren, welche Mittel ich zur Anwendung bringen soll, um ihr erhofftes, gewünschtes Ziel zu erfüllen. *Herbeizuzwingen.* Wenn sie nach triftigen Beweisen verlangen, nach Gründen der Untreue forschen, die ihnen widerfährt, und zugleich einen Grund nach dem anderen liefern, einer triftiger als der andere. Und bisweilen kann ich es, in den ganz krassen Fällen, nachvollziehen, wenn Menschen, die seit einem Vierteljahrhundert den Status *In einer Beziehung* führen, ohne zu erröten oder mit dem Auge zu zucken, sagen:

Ich bin seit fünfzehn Jahren allein.

Regelmäßig schreibe ich auch für *wunderweib.de*, und die Posts zu meinen Artikeln lassen oft genug erahnen, mit welcher Doppelmoral wir es beim Thema Treue zu tun bekommen. Wenn der Finger in die Höhe geht und das Wort Schlampe über die Lippen kommt, oder Hurenbock, und wenn es von größtem Interesse wäre, wie es dahinter aussieht. Weil da so viel Schein zwischen den Zeilen aufblitzte, und so wenig Sein. Ja, sage ich mir bei der Gelegenheit immer wieder, ich glaube an die absolute, ewige Liebe. An die ewige Treue dagegen ...

Frauen jedenfalls neigen dazu, Sex außerhalb ihrer fixen Beziehung mit starken Gefühlen zu verbinden (wobei die Männer auf dieser Ebene stark im Kommen sind). Es verhieß also nichts Gutes für Jörg Z., dass seine Lebensgefährtin und Mutter der gemeinsamen Tochter offenbar schon seit Monaten einen anderen hatte. So blieb mir an jenem Vormittag, da ich ihm die Hiobsbotschaft überbracht hatte, nur ihm im Stillen zu wünschen, er möge einen Weg finden, nicht ewig, um noch einmal Shirley P. Glass zu zitieren, in diesem Schmerz der Untreue festzustecken.

Zwei Wochen später hatte ich Jörg Z. abermals am Rohr. Seine Stimme wirkte noch um eine Nuance kraftloser.

»Ich könnte mir vorstellen, diese Beziehung zu retten«, hob er an. »Irgendwie. Aber um die Kraft aufzubringen, muss ich etwas wissen.«

Ein übles Gefühl durchzog meine Magengrube. »Und das wäre?«, fragte ich, obwohl ich die Antwort kannte.

»Ich muss wissen ... ob Nele ... mein Kind ist.«

Natürlich sagte ich ihm zu und hoffte zugleich inständig, er würde mir nicht auch noch ein Foto seiner Kleinen schicken. Schließlich bin ich selbst Mutter. Wie gewünscht, schickte Jörg Z. die Mundhöhlenabstriche. Neles. Seinen.

Während der Sperma-Test zügig vonstattengeht, dauert es beim Vaterschaftstest etwas länger, weil er bedeutend aufwändiger ist. Dafür erhält der Kunde dann auch einen seitenlangen Bericht, der zuallererst in Tabellen alles Wesentliche anführt. Ob der Auftrag privat oder nicht erfolgte. Welches Probematerial vorliegt. Ob die Identität des Auftraggebers überprüft wurde oder nicht. Ferner Angaben darüber, ob es einen Zwilling der zu testenden Person gibt. Oder Knochenmarks- beziehungsweise Stammzellentransplantationen. Oder auch, ob erstgradige Verwandte (ich sage nur: Karotten) als Vater infrage kommen.

Dann allerlei Zeugs, das nur Experten schlüssig ist, gefolgt von einer Tabelle mit den verschiedenen Zustandsformen eines Gens, so genannte Allele. Und am Schluss, auf einer halben Seite, das allgemein Verständliche: das Gutachten. Steht da etwa »gilt als praktisch erwiesen«, gesäumt von einer Zahl mit ganz vielen Neunen (99,99 Prozent), liegt der Fall praktisch klar vor.

Bei Jörg Z. war der Fall praktisch klar. Jedoch in die andere Richtung.

Mehrmals griff ich zum Telefon, mehrmals legte ich es wieder beiseite. Mein Herz drohte zu zerspringen. Dann hatte ich ihn am anderen Ende der Leitung.

»Ich bin nicht der Vater, oder?«

Die Stille in mir war grenzenlos. Irgendwann drückte ich ein »Hhmmhh« hinaus, spürte, wie mir die Luft wegblieb.

Dann, weit weg, ein bitteres Schluchzen. Das Wegschlucken von Tränen. Und dann hörte ich mich immer wieder stammeln:

»Es tut mir so leid. Es tut mir so leid.«

Als wäre ich die Mutter seiner (Eben-nicht-)Tochter, die gerade die Beichte vor ihm ablegte. Ich benötigte geraume Zeit, mich von dem Schock zu erholen. Später erfuhr ich von Jörg Z., er habe nach langem Überlegen diesem abgedroschenen Motto, dem mit Schrecken und Ende, Folge geleistet.

Lieber ein ... und so weiter.

Er hatte also einen Schlussstrich gezogen. War das der Weg, der zwingend folgte, wenn so massive Treuebrüche offenlagen? Ein Ehepaar aus dem Burgenland gibt im Folgenden eine von vielen möglichen Antworten.

SPÄTES GLÜCK

Für gewöhnlich gerieten die Menschen ins Schwärmen, wenn die Namen Viktoria und Gregor H. fielen. Sie waren untrennbar verbunden und standen als Synonym für *Traumpaar*. Weniger, weil sie schon auf dreißig Schritt Entfernung eines abgaben, weniger, weil die Menschen wussten, wie ihre Beziehung im Detail ablief oder was ihr Geheimnis ausmachte, sondern dessentwegen, was Viktoria und Gregor auf die Beine stellten. Weil sie gemeinsam ein neues Glück zu den Menschen trugen. Sie als das redselige, feinfühlige Mastermind im Hintergrund, und er als der eher verschwiegene Mann fürs Grobe, der dafür bei Bedarf auch seine Helfer hatte.

Man kam zu ihnen, damit sie zu einem kamen. Sie, die vor Ideen sprudelte, die mit großer Sicherheit erste Skizzen auf Papier warf, ihnen später am Computer grafischen Feinschliff, Dreidimensionalität und Leben einhauchte. Er, der noch in der Planung seine Erfahrungen aus der Praxis einbrachte. Sie, die Beschlagene in Sachen Lichteinfall, Beschaffenheit von Böden, Wasserversorgung, die alles kannte, was in den Katalogen zu finden war, Bäume, Sträucher,

Rabatte, Gräser, und auch harmonisch zueinander in Szene setzte (von Acerolakirschen und Akelei bis Zypergras und Zypressen). Er, der Schwimm- oder Zierteiche aushob, Holzterrassen und Trockensteinmauern errichtete und alles eingrub.

Sie, die Gartenarchitektin. Er, der Gärtner.

Sie kannten einander seit Jugendtagen. Alle beide im Umkreis der burgenländischen Hauptstadt Eisenstadt beheimatet, alle beide mit ähnlichen Vorlieben und Interessen. Die frühe Hochzeit. Er 22. Sie überhaupt erst 20. Gründung und Aufbau des gemeinsamen Betriebes. Drei Kinder. Ein viertes, später, als alles gut lief, aus prekären Verhältnissen in Pflege genommen und danach adoptiert.

29 Jahre später schrieb sie, Viktoria H., mir ein Mail. Ein Standardauftrag. Gewünscht: der sms-Test mit zehn Nachrichten. Keine große Sache. Einziger Zusatz: Sie habe schon eine Idee, wie der Kontakt zu ihrem Mann glaubhaft hergestellt werden könne. Die Testerin habe Fotos von ihm gesehen. Bei einer Freundin, die Kundin in ihrem Betrieb gewesen sei und euphorisch vom neuen Garten geschwärmt habe. Die Handynummer wäre so rasch und plausibel weitergegeben. Zur Sicherheit schickte sie mir den Namen einer tatsächlichen Kundin, den ich jedoch vertraulich behandeln und nur im Notfall, bei nachdrücklicher Nachfrage also, zum Einsatz bringen sollte.

Natürlich.

Ich führte den Test gleich selbst durch. »Lieber Herr H.,« schrieb ich, »Sie kennen mich nicht. Aber ich kenne Sie …«

Ich hätte sein Bild gesehen, in voller Aktion, würde ihn gerne kennenlernen. Auch wüsste ich Männer zu schätzen, die so richtig anzupacken verstünden.

Gregor H. sprang an wie ein gut gewarteter Motor an einem warmen Frühlingstag. Er zeigte sich hocherfreut, relativierte aber recht bald. »Das wird so nicht gehen«, simste er. »Ich habe eine Frau und vier Kinder.« Zwei davon seien noch nicht volljährig.

Dennoch zeigte Gregor H. sich rasch ziemlich offen. Der Nachrichtenverlauf schloss prinzipielles Interesse an einer Geschichte nebenher keinesfalls aus, diente jedoch nicht als handfester Beweis, dass dies ausdrücklich erwünscht war.

Ich übermittelte Viktoria H. das Ergebnis. Sie schien zufrieden.

Sechs Wochen später hatte ich eine unbekannte Frauenstimme am Telefon. »Ich habe gewaltigen Mist gebaut«, sagte Viktoria H. »Können wir uns treffen?«

Erst wollte ich aus Prinzip ablehnen. Doch aufgrund der Dringlichkeit, mit der sie sprach, wie auch der mehr als vagen Andeutungen, die sie machte, ließ ich mich dazu verleiten, eine Ausnahme zu machen. Außerdem war sie nicht aus der Welt. Die fünfzig Kilometer von Wien ins nördliche Burgenland kamen mir gelegen für einen Ausflug in Österreichs Rotwein-Mekka. Wenn ich auch mehr dem Weißen zusprach.

Zwei Tage danach trafen wir uns an der Saftbar des überschaubaren Einkaufszentrums in Eisenstadt. Sie schnaufte gehörig, als sie angeflogen kam und bald schon wusste ich, dass alle beide, Viktoria und Gregor, entschieden zu viel auf den Rippen hatten. Alle beide unterfütterten leibhaftig jene Statistik, die Bewohner im Osten Österreichs als tendenziell dicker auswies.

Rasch war die Lage sondiert. Ja, Viktoria H. hatte tatsächlich Mist gebaut. Die Bereitschaft ihres Mannes, via SMS anzubandeln, hatte sie animiert, die Chose auf eigene Faust auf die Spitze zu treiben. Sprich: Sie legte sich eine Prepaid-Nummer zu und schrieb als Hannah, als die ich mit Gregor Kontakt hatte, fleißig weiter. Dass Hannah mit neuer Nummer weiter bei ihm zu landen versuchte, hatte sie ihm geschickt verklickert. Er schöpfte, so schien es, keinerlei Verdacht.

Während die Gartenarchitektin sich Jahr für Jahr unattraktiver fühlte und auch alles dafür tat, dass das so blieb, hatte ihr um nichts attraktiverer Mann (klein, ziemlich übergewichtig, wachsender Glatzenansatz) Flirtkontakt nach draußen. Wenngleich getürkt. Und sie hatte beschlossen, die Lücke nahtlos zu schließen, die sich nach Ende meines SMS-Tests aufzutun drohte. Der Kontakt zwischen Gregor H. und Viktoria H. alias Hannah wurde stets intensiver, persönlicher. Man war übereingekommen:

Wir müssen uns sehen.

Immer wieder gingen mir Bilder durch den Kopf, wie sie beispielsweise im Bademantel mit fettigem, ungekämmten Haar und Zwetschkenkuchen futternd zuhause am PC saß und Terrassierungen anlegte und ihn über den Äther anschmachtete, und er, erdverschmiert, irgendwo zwischen Tulpenzwiebeln und Edelrosen, zurückschmachtete.

Es war reichlich absurd.

Nun musste also eine *echte Hannah* aus Fleisch und Blut her. Eine mit möglichst echtem, digitalem Profil. Wie etwa auf *Facebook*. Viktoria H. hatte auch konkrete Vorstellungen, wie diese Hannah auszusehen hatte, in kurzen Worten: das Gegenteil ihrer selbst. Anfang vierzig (maximal), gelocktes, brünettes Haar, kurvig und dabei schlank, natürlich ein hübsches Gesicht. Gesamttyp: umwerfend sexy.

Meine Wahl fiel auf Sabine. Sie war perfekt für den Auftrag. Die Crux war: Sabine lebte fast 270 (!) Kilometer entfernt nahe St. Veit an der Glan in Kärnten. Gemäß der *Vorgeschichte*, die Viktoria H. beim Hin-und-her-Texten mit ihrem Mann produziert hatte, lebte Sabine alias Hannah jedoch ein gutes Stück östlich von Graz, also bedeutend näher. Zudem war es unmöglich, das Prepaid-Handy der Gartenarchitektin binnen Stunden zu Sabine alias Hannah in die Steiermark zu transferieren. Die beiden standen mittlerweile in Dauerkontakt, eine Unterbrechung von wenigstens zwei Tagen, die der Postweg mit sich gebracht hätte, wäre verdächtig gewesen. Selbst die Paketdienste brauchten zu lange. Viktoria selbst war verhindert. Und ein Taxi zu schicken? Nein, irgendwo gab es doch Grenzen. Zu diesem Zeitpunkt der Geschichte wenigstens.

Es blieb nur diese eine nicht übertrieben teure Möglichkeit: Abermals musste Hannahs Handynummer einer neuen weichen. Abermals nahm Gregor H. es gleichmütig hin, als Sabine alias Hannah erklärte, ihr Ex-Mann nerve gewaltig herum. Darum die neue Nummer.

Das Treffen erfolgte in einem Gasthaus auf vermeintlich halber Strecke. Gregor zeigte sich hin und weg. Er tätschelte Sabine alias Hannah wiederholte Male die Hand, irgendwann hörte er nicht mehr auf, sie zu halten. Niemals in 29 Jahren Ehe, hauchte er, wäre er bloß auf die Idee verfallen, seiner Frau untreu zu werden, geschweige denn, dass er Kontakt zu anderen Frauen aufgenommen hätte, aber nun. Noch dazu eine wie sie. Sabine alias Hannah schenkte seinen Worten Glauben. Er schien aufrichtig zu sein in dem, was er sagte. Doch zugleich war unübersehbar: Gregor war drauf und dran, sich Hals über Kopf zu verlieben. Man ging auseinander, um weiterhin fleißig zu schreiben.

Viktoria H. war naturgemäß entsetzt. Ein Ende des Tests wollte sie aber nicht. »Ich muss wissen, wozu er bereit wäre«, sagte sie. Zumal ihr aufgefallen sei, dass er neuerdings einen halben Meter größer daherkam. Dass er strotzte vor Selbstvertrauen. Sie wolle jedoch »lückenlose Beweise«. Lückenlos hieß nach ihren Vorstellungen: ein Detektiv musste mit an Bord.

Mittlerweile waren Gregor und Sabine alias Hannah beim gemeinsamen Wunsch nach Kuscheln angelangt. Sabine alias Hannah suchte das Hotel aus. Idealerweise im benachbarten Ungarn, wie sie vorschlug, wo er sichergehen könnte, nicht erkannt zu werden. Gregor willigte dankbar ein. Das *Hotel Lövér* in Sopron sollte es werden, ein nicht übertrieben nobler Schuppen mit jedoch guten Bewertungen.

Am Tag des amourösen Stelldicheins waren der Mitarbeiter einer Wiener Detektei und ich schon geraume Zeit vorher dort. Unsere Kommandozentrale war jenes Zimmer, das dem des Kuschelpärchens gegenüberlag. Im Zimmer der beiden, versteckt in einer Gardine, wurde eine Mini-Webcam installiert, die dank Weitwinkel gute Übersicht bot. Sabine alias Hannah bekam ein winziges Diktiergerät zwischen den Schulterblättern fixiert. Die Regieanweisungen waren klar, bis hin zu dem Moment, wo alles im Kasten war und sie unter einem Vorwand das Zimmer verlassen sollte.

Gregors Ego schien tatsächlich in den vergangenen Wochen in den Himmel gewachsen zu sein, wo er, auf Wolke sieben, auf sich selbst traf. So jedenfalls enterte er das *Hotel Lövér*. Festen Schrittes, mit breiter Brust. Sie trafen sich an der Bar, lachten viel, tauschten verhaltene Berührungen aus. Dann ging es ab aufs Zimmer.

Es gehört nicht zu den Traumbildern einer Frau im besten Alter, einen eher kleinen, eher dicklichen, eher alten, eher wie ein Zirkusdirektor im Film aussehenden Mann, der zudem am Kopf eher unbehaart, dafür auf der Brust ausnehmend pelzig war, in nichts als in Unterhosen und Socken vor sich stehen zu haben. Und dieses Bild verwandelt sich auch nicht zum Augenschmaus, wenn es um ein Vielfaches verkleinert über das Display eines Laptops daherkommt. Ich muss gestehen: Ich habe Sabine in diesem Augenblick nicht beneidet. Und der Detektiv und ich (Hand aufs Herz, wem von Ihnen erginge es anders?) waren obendrein hin- und hergerissen zwischen der Ernsthaftigkeit des Auftrages und der Heiterkeit der Szene, die wir mittels Webcam geboten bekamen. Wir konnten uns kaum halten.

Schon nach wenigen Minuten auf dem Zimmer versuchte Gregor, *seine Traumfrau Hannah* zu küssen. Sie verstand es allerdings mit einiger Raffinesse, ihn daran zu hindern und natürlich hatte sie, abgesehen davon, dass er bestimmt nicht ihr Typ war, auch unser Agenturmotto verinnerlicht:

Beim Kuss ist Schluss.

Doch so weit gedachte sie ohnedies nicht zu gehen. »Wir machen jetzt ein Spiel, Hase«, schnurrte sie, als er sein T-Shirt bereits von sich geworfen und sich selbst rücklings aufs Bett verfrachtet hatte. Sie obenauf sitzend. Natürlich war Sabine sich der Gefahr bewusst, dass er das Diktiergerät in ihrem Nacken entdecken konnte, gab sie nicht Acht. Also wand sie sich immer geschickt fort, wenn es zu heiß wurde.

Sie solle ihre Stiefel ausziehen, knurrte er.

»Findest du es denn nicht sexy, wenn ich sie anlasse?«

Auch wieder wahr. Außerdem genoss Gregor es sichtlich, dass sie nun neben ihm auf dem Bett saß und seine haarige Brust streichelte. Er setzte sich auf, zog auch die Hose aus, kippte abermals nach hinten weg und lag in Slip und Socken da. Es bestand nicht mehr der geringste Zweifel, wohin die Reise gehen sollte. Das vereinbarte Zeichen für Sabine.

Sie griff nach ihrer Tasche, kramte darin. »Ach herrje«, flötete sie.

»Was denn?«

»Ich habe dir eine Überraschung mitgebracht und jetzt hab ich sie vergessen.«

»Überraschung? Vergessen?«

Sie lächelte. »Keine Sorge. Nur unten im Auto vergessen. Ich hab extra für dich neue Unterwäsche besorgt.«

Gregor lächelte sein coolstes Cowboylächeln. »Na dann, worauf wartest du?«

Sabine schnappte ihre Tasche, schickte ihm ein Luftküsschen und huschte zur Zimmertür hinaus. Und direkt zur unseren herein, die bereits einen Spaltbreit offen stand, um jeden Lärm (wie etwa ein noch so vorsichtiges Klopfen) zu vermeiden. Zu dritt beobachteten wir Gregor für geraume Zeit. Nach ein, zwei Minuten setzte er sich auf. Bald schon begann er, nervös im Zimmer auf und ab zu trippeln. Er konnte einem leidtun. Und nach weiteren zehn Minuten zog er sich wieder restlos an. Und verließ das Zimmer. Stand nun auf dem Gang, direkt vor unserer Tür. Wir konnten ihn schnaufen hören, als er nach dem Handy griff. Doch *seine Hannah* hob nicht ab, stellte sich tot (sie hatte ihr Telefon zwischenzeitlich natürlich auf lautlos gestellt).

Es war gewiss nicht die feine Art. Doch eine andere Wahl hatten wir nicht. Es war nicht meine Aufgabe und weder stand es mir noch einer Testerin zu, die Zielperson über den Test zu informieren. Das war allein Sache der Auftraggeberin. Schließlich wackelte Gregor H. zu seinem Wagen und fuhr davon.

Als er bereits im Wagen saß, schickte Sabine ihm eine letzte Nachricht. Sie bedauere es zutiefst, aber sie habe im letzten Moment, gerade als sie wieder zu ihm rauf ins Zimmer wollte, schreckliche Angst bekommen, ja, geradezu Panik, etwas Grundfalsches zu tun.

207

Zur selben Zeit rief ich Viktoria H. an. »Ihr Mann ist jetzt auf dem Heimweg«, sagte ich abschließend, nachdem ich ihr einen Überblick verschafft hatte. Sie bedankte sich knapp, fragte auch nicht weiter nach. Es war schon später Abend. Sie bat bloß um ein Treffen am nächsten Tag. Sie wollte, dass ich ihr die Beweise persönlich vorlegte.

Als ich ihr tags darauf alles übergab, begann sie bitterlich zu weinen. Eine Vielzahl von Emotionen steckte hinter diesen Tränen: Zorn, Enttäuschung, Bitterkeit, Selbstmitleid, aber auch viel Reue und Zweifel und die Zuweisung von Schuld. Schuld an dem, was sie selbst inszeniert, vom Zaun gebrochen und letztlich präsentiert bekommen hatte. Daran, was sie sagte und auch, wie sie es sagte, erkannte ich, wie sehr sie bedauerte, was sie getan hatte.

Dennoch war es aus ihrer Sicht zu spät. Sie fuhr nachhause, knallte ihrem Mann die *Fakten* auf den Tisch. Sie konfrontierte ihn mit dem Vorabend im Hotel, legte ihm die Screenshots seiner Nachrichten vor, die sie angeblich von Hannah aus freien Stücken zugeschickt bekommen hätte. Gregor glaubte auch das, machte gar nicht erst den Versuch, zu beschwichtigen oder zu leugnen. Er gestand. Und zog von zuhause aus.

Wochen vergingen. Dann meldete sich Viktoria H. erneut. »Glauben Sie«, sagte sie, »dass Ihre Kollegin meinen Mann ein weiteres Mal treffen könnte?«

Ich verstand nicht. Was wollte sie noch?

Sie schien mein Unverständnis zu wittern, ehe ich es ausformulieren konnte. »Ich möchte meinen Fehler gutmachen«, fuhr sie fort. »Ich möchte, dass diese Hannah ihm die Augen öffnet. Dass sie ihm klarmacht, dass sie nicht mit ihm sein will. Dass er sich um seine Familie, um seine Frau kümmern soll. Und dass sie es unendlich bedauert, ihn überhaupt jemals kontaktiert zu haben.«

Daher wehte der Wind. Das Trauma der Untreue hatte also eingeschlagen, zugleich aber Mechanismen für ein Danach in Gang gesetzt. Bestimmt hatten die beiden das volle Programm durchgemacht. Vom Zwiespalt, Einzelheiten seiner Untreue aus seinem Mund hören zu wollen und sie zugleich nicht zu ertragen. Vom Zwiespalt, ob sie ihm jemals wieder würde vertrauen können. Weil sie womöglich, in der Theorie, wusste, dass nur ein ehrliches Gespräch über das Geschehene die Beziehung retten konnte, zugleich aber wusste, dass sie es nicht ertragen oder er gar nicht erst damit herausrücken würde. Weil es keinen Sinn hatte, eine Affäre (oder auch nur ihren Beginn) zu verschweigen. Ebenso gut konnte man einen vor Dreck starrenden Boden frisch zu versiegeln versuchen im Glauben, ein neuer entstünde daraus.

All das und vieles mehr hatte sich bestimmt zwischen den beiden zugetragen, dachte ich. Und auch, dass drei Viertel aller Ehen, die von einem Seitensprung torpediert wurden, danach auch in die Brüche gingen. Ja, die liebe Statistik einmal mehr. Viktoria H. jedenfalls wollte dem vierten Viertel angehören. Sie hatte auch allen Grund. Ihr Mann, so viel hatte sie inzwischen auch erkannt, war keiner, der die Gelegenheit suchte. Sie war ihm im Gegenteil auf dem Silbertablett serviert, um nicht zu sagen: auf dem Silbertablett nachgeworfen worden. Die Lust hatte ihn regelrecht erschlagen, aufgezwungen von seiner eigenen Frau. Weil sie neugierig war. Weil sie beide dazu beigetragen hatten, dass sie einander fremd geworden waren. Weil sie alle Energie in Beruf und Kinder gesteckt und keine mehr füreinander übrig gehabt hatten.

Ich kontaktierte Sabine alias Hannah. Und sie traf sich ein letztes Mal mit Gärtner Gregor. Sie sagte all das, worum Viktoria H. sie gebeten hatte. Die Gartenarchitektin hatte auch begonnen, auf anderer Linie an sich zu arbeiten, nahm stark ab, schaute vermehrt auf sich. Gregor zog wieder ein und irgendwann teilte sie mir glücklich mit, dass sie anstatt eines Nebeneinanders wieder ein Miteinander hätten.

Mein eigenes Verhältnis zur Treue kam mir in den Sinn. Jene Male, da ich selbst untreu geworden war, hatte ich (ganz anders als Gregor) zuvor keine Sekunde darüber nachgedacht. Ich hatte es einfach getan. Es gibt so viele Wahrheiten zur Treue. Und es gibt kein Richtig oder Falsch, das für jeden dieselbe Gültigkeit haben kann. Darum verurteile ich auch Menschen nicht von vornherein, wenn sie fremdgehen. Ich bin gewissermaßen weder dafür noch dagegen. Jeder geht seinen eigenen Weg der Treue und Untreue. Jeder trifft die Entscheidung für sich selbst. Aus seinen eigenen persönlichen Gründen. Natürlich habe ich, ganz für mich, eine Art Quote entwickelt. Natürlich bewerte ich, für mich im Stillen, ob er oder sie den Test bestanden hat oder nicht. Doch es sind allein meine Maßstäbe.

Gregor jedenfalls ist, nein, beurteilen Sie es selbst. Bis zuletzt schöpfte er keinerlei Verdacht, dass alles bloß so gekommen war, weil seine Frau ihn auf den Prüfstand gestellt hatte. Dass er sich wie viele Menschen in einem Schwebezustand zwischen Nicht-Trauen und Gefunden-werden-Wollen befand. Dass er genau dort abgeholt worden war. Und dass seine eigene Frau es war, die ihm die Venusfalle schickte, bloß um zu sehen, wie der wiedererweckte Stier in ihm auf eine junge Kalbin abfuhr. In einer Theorie, die bedrohlich ausuferte. Gregor erfuhr nichts von alledem und das war gut so. Er war kein Mann, der den Argwohn im Herzen trug. So oder so nicht. Niemand, dem man wegen dieses Fehltritts gleich mit Verachtung begegnen sollte. Das machte ihn mir zutiefst sympathisch, ohne ihn jemals persönlich getroffen zu haben. Vermutlich weiß er bis heute nicht mal, dass es diese Möglichkeit des Treuetests gibt.

Doch das mit dem Argwohn und dem Testen konnte auch ganz, ganz anders laufen. Hier nun ein Fall, der uns von der Bodenständigkeit des Gärtnereiwesens in die Abgehobenheit führt, und dabei zurück in die (gar nicht so) virtuelle Welt der Untreue.

DIE NUMMER AM POOL

Wir schreiben das Jahr 2015. Es ist Mitte Oktober.

Zuhause in Bremen, weiß Heiko, hat der Herbst sein Nest bezogen. Die Kollegen im Glasturm stieren in die Schlieren einer Regenfront und in den Schulbänken rauchen die Köpfe. Indes, hier riecht der Oktober noch nach Sommer, hier, auf Gran Canaria, im Seaside Palm Beach. Das letzte Mal, denkt er, seufzt still auf, das letzte Mal auf lange Sicht, dass sie einen Familienurlaub genießen würden. So fernab der Massen. Alle vier. Stefanie, die Kinder, vier und fünf und er. Sie haben hart geschuftet übers Jahr, er hat hart geschuftet und sich dafür fünf Sterne gegönnt.

Nun, am späten Vormittag, glüht es vom tiefblauen Himmel. Weit über dreißig Grad im Schatten. Die Kleinen tummeln sich in der Animation. All inclusive. Er selbst wird gleich unter den Schirm wechseln. Nur eine Armlänge entfernt ölt Stefanie ihren drahtigen Körper. Der viele Sport nach den Kindern lässt sie, findet Heiko, noch schärfer aussehen. Überhaupt ist seine Frau ziemlich heiß. Er sieht, wie sie einen letzten Batzen Creme auf die sehnigen Waden aufträgt. Dann gleitet sie zurück auf die Liege, brutzelt weiter unter der sengenden Sonne vor sich hin. Ein Glühen, das einem schon mal zu Kopfe steigen kann.

Heiko zieht los, um nach den Kleinen zu sehen. Einmal noch kurz in der Family Suite vorbeigeschaut, dann kehrt er über den Umweg der Poolbar mit zwei leichten Drinks wieder. Und er sieht aus den Augenwinkeln, dass sie eine seltsam hektische Bewegung vollführt. Erst später am Tag, als es wieder geschieht, dass sie rasch das Handy wegpackt, als er aufkreuzt, macht er sich so seine ersten, noch schleierhaften Gedanken. Rasch schiebt er sie wieder beiseite.

Ach was.

Vier Wochen später, längst wieder gefangen im Trott und in Meetings, ist Heikos Kosmos ein anderer. Einmal, als sie ihr Handy auf der Kommode liegengelassen hatte, erhaschte er mit einem eher ungewollten als absichtsvollen Blick etwas, das seine Welt schlagartig veränderte. Das Aufblitzen einer Nachricht, ein paar Sekunden lang.

»Deine Vorlieben kenne ich jetzt ja.«

Und gleich hinterher: »Sollten wir uns nicht doch mal treffen?«

Er weiß nicht warum. Doch da steigt die Erinnerung aus Gran Canaria in ihm hoch. Wie kleine, grelle Blitzlichter. Sollte sie …? Aber warum gerade dort? Warum überhaupt? Geschlagene zwei Tage überlegt er, dann spricht er Stefanie darauf an.

*

Anfangs habe sie alles abgestritten, schrieb er mir. Doch er
sei nicht blöd. Er wisse, was er gesehen und gelesen habe.
Dann, schon ordentlich in die Mangel genommen, erzählte sie von irgendeinem Typ am Pool, der sie angequatscht
habe. Gast im Seaside Palm Beach wie sie auch. Ja, meine
Güte. Sie hätten Nummern getauscht. Das eine oder andere
Mal hin- und hergeschrieben. Aber nun nicht mehr. Ganz
bestimmt nicht.

Da ist nichts, Heiko. Das bildest du dir ein.

»Außerdem, Frau Kersten, hat sie mir versprochen, sie
würde so etwas nie wieder tun. Sie würde mich informieren, sollte ihr jemand auf die Pelle rücken. Aber ich sage es
frei heraus: Ich vertraue ihr nicht. Nicht mehr. Was meinen
Sie? Als Frau? Kann ich ihr glauben?«

Woher sollte ich das wissen?

Er wolle herausfinden, ob sie sich im Fall des Falles, wenn
sie ein x-beliebiger Jemand anschriebe, abermals darauf
einließe, ohne ihm davon zu erzählen. Immerhin habe sie
innerhalb von nur *zwanzig unbeaufsichtigten Minuten* mit einem Wildfremden Nummern getauscht. Und ein Foto von
sich verschickt, wie er inzwischen auch wisse. Im Höschen.
Bauchnabel abwärts. Mittels Filter unscharf gemacht.

»Wir könnten ganz einfach und kostengünstig starten«,
schrieb ich ihm. »Per sms-Test.«

Erst hatte Heiko B. keine rechte Vorstellung, wie das ab-
laufen sollte, doch dann, ehe ich ihm einen maßgeschnei-

derten Weg unterbreitete, kam er von selbst mit zwei Vorschlägen: Plan A sah vor, jemand aus meinem Team sollte sich bei Stefanie melden, etwa in der Art: »Hallo, ich bin's. Der geheimnisvolle Fremde vom Pool in Gran Canaria. ☺☺ Ich habe eine neue Nummer. Warum hast du dich dann nicht mehr gemeldet? Ich muss oft an dich denken. Wäre schön, könnten wir uns mal treffen.« Plan A wies jedoch eindeutig Schwächen auf. Weder hatten wir Name noch Foto der Urlaubsbekanntschaft seiner Frau.

Folglich entschieden wir uns für Variante B. Ein Konzert, auf das seine Frau in ein paar Tagen zu gehen gedachte. Ein (schon wieder) großer Unbekannter hätte sie dort erspäht, bekomme sie nicht mehr aus dem Kopf, habe auf Umwegen ihre Nummer recherchiert. Über einen Bekannten, der sie flüchtig kenne. Oder dessen Freundin. So ungefähr.

Immer noch wackelig, aber durchführbar, schrieb ich ihm. Heikos Bedenken, seine Frau könnte die Nummer des Testers googeln und entlarven, waren nachvollziehbar. Schließlich neigen wir Frauen dazu, alles zu hinterfragen. In diesem Fall konnte ich ihn beruhigen. »Wir arbeiten mit Prepaid.«

Als sie das Haus verließ, um zum Konzert zu fahren, ließ ich mir ihre Kleidung ins Kleinste schildern. Beige Hosen. Dunkelblaues Top. Eine zart gemusterte Jacke. Ich hatte beschlossen, den Test selbst durchzuführen und startete gleich am Folgetag.

Sven   **Stefanie**

Hallo, Stefanie. Sorry, dass ich dich so
überfalle. Ich hatte dich am WE beim
Konzert gesehen. Du hast mir auf Anhieb
gefallen. Meine Begleitung kannte dich noch
aus der Schule. Sie hat mir die Nummer
besorgt. Bekomme ich eine Chance, dich
kennenzulernen?
LG Sven

Eine Stunde später:

                                    Wie heißt deine Bekannte?
Falsches Wort. Sie ist nicht meine Bekannte.
Sie ist die Freundin eines Freundes.
                                         Sag mir den Namen.
Ist das so wichtig? ☺
                                            Für mich schon.
                                    Kriege ich bitte einen Namen?!
Ich weiß nicht, wie sie heißt.
                               Du weißt es nicht? Welche Schule?
Wüsste ich es, würde ich es dir sagen.

Stefanie reagierte nicht mehr. Ich kam nicht dazu, den Joker
mit der Kleidung auszuspielen, die sie beim Konzert getragen hatte. Wie auch immer ich den einzusetzen gedachte.
Erst auf mehrmaliges Drängen kam eine Nachricht:

Sie schien ihre Lektion gelernt zu haben. Heiko B. zeigte sich erleichtert. Sie habe ihm von den SMS erzählt, schrieb er. Er seinerseits habe sie in aller Klarheit aufgefordert, diesem Mistkerl zu sagen, er solle sie ein für alle Mal in Frieden lassen. Das habe sie auch bereitwillig getan.

Hatte sie?

Zwei Tage später (ich hatte vorsorglich auf der Prepaid-Nummer einen *WhatsApp*-Account eingerichtet mit dem Foto eines ansehnlichen Kollegen) blinkte es auf:

Sven   **Stefanie**

                                        Du bist nicht verheiratet, oder?
Oh, guten Morgen. Nööö. Nicht mehr.
Ist das von Bedeutung?
                                                              Nicht wirklich.

Ein reger Chat baute sich auf. Loses Geplänkel. Allmählich konkreteres Geplänkel. Sie solle sich nicht bedrängt fühlen. Er solle sich keine allzu großen Hoffnungen machen, sie sei schließlich verheiratet. Sie solle nicht schon alles abschreiben. Er wäre bereit, die kleinste Chance auf ein Kennenlernen wahrzunehmen. Es sei ganz allein ihrer beider Entscheidung, wo sie am Ende landeten. Ob verbindlich. Ob unverbindlich. Ganz egal. Zwischendrin piesackte Stefanie den Schwärmer am anderen Ende immer wieder mit der einen Frage:

»Diese Freundin aus dem Gymnasium, wie heißt sie?«

Heiko B. fiel aus allen Wolken, fing sich auf halbem Weg und entschied, in die Offensive zu gehen. Ich solle, sinngemäß, Folgendes schreiben: »Ja, du bist verheiratet. Aber mit mir schreiben willst du ja doch. Also, was soll's? Wir können uns doch treffen und ein wenig Spaß haben.«

Ich war von den Socken. Heiko B., ein gestandener, durchaus gebildeter Mann im mittleren Management eines Lebensmittelkonzerns, dachte allen Ernstes, wir Frauen würden auf diese Art von plumper Anmache reihenweise in die Kiste springen? Sein direktes Vorgehen sprach Bände, was er in Wirklichkeit von seiner Angetrauten hielt. Augenblicklich fiel mir ein Kunde ein, der in einer ganz ähnlichen Situation trotz aller Warnungen darauf bestanden hatte zu schreiben: »Hast du Lust zu ficken?«

Nach langem, geduldigen Zureden lenkte Heiko B. mürrisch ein. Also gut, Svens Botschaft müsse lauten, sie solle sich eben entscheiden. Dieses ewige Hinterherlaufen, hopp oder drop.

Mir wurde immer übler. Heiko B. schien von einem multiresistenten Erreger befallen, der sich vor allem gegen jedes Medikament zur Wehr setzte, das guter Ratschlag hieß. Er wollte partout nicht einsehen, dass diese Brachialnummer in der Regel nicht zog. Er pflegte das alte Muster, das sich in unserer Gesellschaft zu überholen begann, dass es nämlich nur um nackten Sex ginge, um den Quickie auf dem Chefsessel oder in der Damentoilette, nach dem beide befriedigt und frei von Gedanken an ein Morgen wieder ihrer

Wege gingen. Längst hatten auch die Männer unserer Tage begonnen zu romantisieren, legten (wenn sie schon fremdgingen) bedeutend mehr Gefühl in die Sache, wenngleich nicht im selben Ausmaß wie wir Frauen. Stefanie, schrieb ich, mache durchaus Avancen. Doch als Frau würde ich ihm dringend empfehlen, eine Basis zu schaffen. Nur so könne er Gewissheit erlangen. Stefanie müsse zu Sven Vertrauen schöpfen. Andernfalls würde seine Mission kaum von *Erfolg gekrönt sein*?

Da war das leidige Thema wieder. Wo setzte der Erfolg aus Sicht meines Auftraggebers ein? Wenn Stefanie mit Sven ins Bett zu gehen bereit war und er (endlich?) sicher sein konnte, dass sie ihn beschiss? War er dann zufrieden? Welchen Preis hatte die Gewissheit, nach der die Menschen in Sachen Treue strebten? Wollten sie sich bloß in ihrem Misstrauen bestätigt sehen? Ging es ums Rechthaben? Oder zählte auch Heiko B. zu denen, die mir gelegentlich unterkamen, die ohne Umschweife sagten: »Ich weiß, ich bin eine feige Sau. Ich möchte nicht länger mit dieser Frau, diesem Mann zusammen sein. Liefern Sie mir einen Grund!«

»Sie können gerne einen Treuetest machen«, pflege ich dann zu sagen. »Aber ob das Ergebnis für Sie hinterher zufriedenstellend ist, kann ich nicht versprechen.« Manche verkannten das Prinzip einer solchen Prüfung, dachten, sie diente allein dazu, den anderen in einen Zustand zu treiben, den man im Kopf bereits für gegeben hielt. Ging es darum, den Partner bei Rückenwind anzubringen? Oder um die eigenen Hände hinterher in Unschuld zu waschen? Oder weil der Ersatz die längste Zeit an der nächsten Ecke mit den Hufen scharrte? Natürlich war auch das im Prinzip Privatsache. Doch es gab Grenzen. Und manchmal, denken wir bloß zurück an Kapitel 10, grenzte es auch an eine pervertierte Form von Stalking.

War das Heikos Antrieb? Wollte er es erzwingen? Bloß, dass er es nicht explizit formulierte?

Als ich von Basis schaffen sprach, merkte ich, dass er nachzudenken begann. Wir könnten auf diese Weise mehr herausbekommen, setzte ich nach. Etwa, wie es sich in der Vergangenheit mit der Treue seiner Frau verhalten habe. Das gewähre ihm, mit Abstrichen, Ausblicke auf die Zukunft.

»Also gut«, schrieb er schließlich. »Ich verlasse mich auf Sie.«

Eine Zangengeburt, doch ich hatte endlich freie Hand, es auf meine Weise zu versuchen. Der Chat, der nun in die Gänge kam, wurde von Tag zu Tag aufschlussreicher. Wir tauschten (ungefähre) Adressen. Wir sprachen von den Kindern. Stefanie von ihren beiden. Sven, also ich, von seinem Sohn, der angeblich bei seiner Ex lebte. Alle beide seien sie zu früh Eltern geworden. Sie sei überhaupt schon ihr halbes Leben mit ihm, Heiko, zusammen. Gefühlt ihr ganzes. Ja, sie habe das Gefühl, etwas verpasst zu haben. Hieße es zurück an den Start, würde sie alles ganz anders machen.

Mit Fortdauer des Chats schwenkte auch Heiko B. auf meine Linie ein, stand nun offen dahinter, schrieb, er wolle viel lieber wissen, ob sie schon an Trennung gedacht habe. Meine Rede. Endlich mehr als die bloße Antwort auf die Frage (hat sie es mit ihm oder einem anderen getrieben oder nicht?), die über den Köpfen vieler Männer wie ein Heiliger Gral hängt. Frauen dagegen wollen wissen, wie es um die emotionale Treue bestellt ist. Sven musste also sehen, wo er Stefanie emotional abholen konnte.

Sven   **Stefanie**

Machst du das öfter?

Was?

Jüngere Frauen anschreiben. ☺

Ein Aufreißer? Ich? Nee, ich bin
alles andere. Und du? Hast du schon
mal, ich meine, hast du schon mal mit
einem anderen Mann …?

Was?

Na, geschrieben. ☺

Ein einziges Mal.

Ich meine aufgerissen. Im Bett gelandet.

Ja.

Nun war es heraußen. Wie auch, wo Stefanies Demarkationslinie der Untreue lag. Beim Küssen, schrieb sie, fange es für sie an. Ob er etwas Festes suche. »Fest oder flüssig«, schrieb ich alias Sven zurück. »Ich bin offen. Ich will nichts von Anfang an ausschließen.« Sie wiederum wisse nicht, wie weit sie gehen würde.

Warum hast du nicht aufgehört
zu schreiben? Als ich gesagt habe,
dass ich verheiratet bin?

Ist es meine Entscheidung,
wie weit DU gehen willst?

Tztztz … man lässt die Finger
von verheirateten Frauen.

Man schreibt auch nicht so eifrig zurück,
wenn man verheiratet ist und behauptet,
man ist glücklich.

Mein Mann stresst gerade megamäßig
herum. Eifersucht pur. Anfangs habe ich
gedacht, er steckt dahinter. Also, jetzt sag
endlich:
Wer hat dir meine Nummer gegeben?
Ich weiß, das ist echt scheiße. Aber ich
brauche die Bestätigung, sonst …

Dein Mann soll mich beauftragt haben
oder wie? Ist das nicht völlig irre?

Sven versprach, nochmal nachzusetzen. Stefanies Vorsicht
kam nicht von ungefähr. Sie präzisierte den einen Fehltritt,
den sie bereits mit einem knappen Ja eingestanden hatte.
Chats, Fotos, dann auch bis zum Letzten. Sie habe immer
stärker das Gefühl, das Leben ziehe ungenützt an ihr vorüber. Keine zwei Stunden später an diesem chatintensiven
Nachmittag brach es noch einmal aus ihr hervor.

Oder wurdest du doch engagiert?

Klar wurde ich. Zahlt sich echt aus.

Ich fliege von der Kohle deines Mannes auf

Hawaii. Übernächste Woche.

Idiot. ☹☹

Was würde dein Mann machen,

wenn er von uns erfährt?

Von uns?

Dass wir schreiben …

Er würde mich verlassen.

Kaum zu glauben. Stefanie hatte eine konkrete Vorstellung, was ihr beim bloßen Flirt im Netz blühte, und ließ sich doch darauf ein. Sie nahm, Mutter zweier Kinder, das volle Risiko in Kauf. Als Heiko B. den Chatverlauf zu sehen bekam, schien er am Ende. Auch für mich schien mein Auftrag an seinem Ende angelangt zu sein, doch Heiko B. rief mich an, sprach von einer »eleganten Lösung«. Er wolle sie auf frischer Tat ertappen.

»Wir arrangieren ein Treffen, zu dem Sie statt Sven hingehen.« Der Klassiker sozusagen.

»Dann müsste ich mich outen.«

Nein, ihm schwebe eine andere Art des Aufdeckens vor. Sozusagen online in flagranti. Was sich bedeutend schwieriger gestaltete, zumal Stefanie, wie er sagte, ihr Handy zuletzt bewache wie die mordenden Meerjungfrauen in Fluch der Karibik die Whitecap Bay. Nicht nur, dass sie natürlich alle Chats sofort lösche. Sie stelle obendrein auf lautlos, sodass er rein vom Hören gar nicht mitbekomme, ob sie Nachrichten erhielt oder nicht. Oder sie schalte es ab, behaupte, der Akku wäre leer, obwohl er fast voll sei.

Eine harte Nuss.

Tags darauf sprach er sich doch wieder für ein arrangiertes Treffen aus. Tatsächlich sah sein Plan vor, ich solle auf eine SMS von ihm warten und dann, im Gegenzug, quasi in der Sekunde, eine vorgefasste Nachricht schicken, worauf er seine Frau beim Lesen zu ertappen gedachte. In flagranti eben. Ich vermutete, er würde ihr das Handy entreißen. In der Nachricht solle davon die Rede sein, dass er, Sven, mit ihr, Stefanie, alles nachholen wolle, was sie in der Ehe verpasst habe: vor allem den aufregenden, verbotenen Sex. Und ein (zuvor tatsächlich zwischen Stefanie und Sven vereinbartes) Datum, wann das amouröse Treffen stattfinden sollte.

Klar war allerdings: Wir brauchten den Namen der ominösen Freundin. Ansonsten würde seine Frau Sven abblitzen lassen, einem Treffen erst gar nicht zustimmen. Schließlich verfiel er darauf, alte Schulchroniken seiner Frau zu durchforsten und Namen mit ihren Freundinnen auf *Facebook* abzugleichen. Horst B. nannte mir einen Namen, der später nirgendwo in Stefanies Leben auftauchte.

Am Abend, als Heiko B. seine Frau zu überführen hoffte, hörte ich nichts von ihm. Also war die Angelegenheit aus mir unbekannten Gründen vertagt. Zwischenzeitlich chatteten Stefanie und Sven munter weiter, tauschten Fotos. Zugleich versuchte sie, mir Informationen zu entlocken. Wie Svens Firma heiße (ich hatte geschrieben, er wäre selbstständig), dann wieder, ob sie seine jüngste Eroberung wäre, dann wieder wurde ein Termin für ein Treffen ins Auge gefasst. Ein Datum stand im Raum. Und dann wieder die Frage der Fragen.

Sven   **Stefanie**

> Weißt du endlich, wie meine Schulfreundin
> heißt? Ich habe immer noch Angst, dass mein
> Mann was damit zu tun hat.

Ja. Sie heißt Nadine. Sorry, dass
es so lange gedauert hat.

> Danke. Kannst du deine Nachricht von heute
> Morgen nochmal schicken? Mein Mann hatte
> sich mein Handy gegrapscht. Ich konnte es
> ihm gerade noch wegnehmen, musste aber
> den Chatverlauf löschen. Ungelesen.

Tatsächlich ins Laufen kam das Grand Finale durch Stefanie selbst. Durch ihr grenzenloses Misstrauen, ihr Mann könnte seine Finger im Spiel haben. Sie tippte nämlich Svens, sprich: meine Prepaid-Nummer in sein Handy, drückte kurz auf Wählen und legte sofort wieder auf. So wusste sie, dass die Nummer nicht in seinem Speicher war.

Allerdings hatte Heiko nun *offiziell* Svens Nummer, weil sie keine Gelegenheit mehr fand, diesen Verlauf zu löschen. Der folgende Chat war entscheidend, nun konnte der Spieß umgedreht werden.

Sven   Stefanie

Wir haben ein Problem. Ich glaube, dein Mann
hat mich angerufen.

                                                    Was?

Ist das seine Nummer? 0172 …

                                    Mist, ja! Wie kann das sein?

Das frage ich dich!!! Woher hat er
überhaupt meine Nummer?

                                    Wann hat er dich angerufen?

Gerade eben.
Ich habe mich blöd gestellt.

                                    Danke, dass du ihm nichts von
                                            uns gesagt hast.

Möchtest du, dass das so bleibt? Deine
Entscheidung. Aber ich würde verdammt
nochmal gerne wissen, woher er meine
Nummer hat.

                            Wir treffen uns nächste Woche, okay? Und
                            dann reden wir darüber. Über die Nummer.
                                    Über uns. Über alles, okay?

Die Falle hatte zugeschnappt. Heiko B. behauptete natürlich
standfest, der Mann am anderen Ende, dieser Sven, hätte
ihm alles gebeichtet. Ein Detail ums andere warf er ihr an
den Kopf. Irgendwann brach Stefanie ein.

Monate später erreichte mich ein Mail von Heiko B. ohne
Text. Nur ein Scan vom Scheidungsurteil. Der Wille seiner

nunmehrigen Ex-Frau, ihren Mann zu hintergehen, war klar dokumentiert. Allerdings ohne, dass er damit vor Gericht hätte ziehen können, wie den AGB auf meiner Homepage zu entnehmen ist. »Wir weisen ausdrücklich darauf hin, dass Ergebnisse aus dem Treuetest beziehungsweise Berichte darüber und andere von uns erhaltene Informationen keine rechtliche Relevanz haben.« Dennoch führte es das Ende für Heiko und Stefanie herbei, weil beide Eheleute, jeder auf seine Art, es um jeden Preis wissen wollten. Und so geschah es um den einer zerstörten Familie.

Doch was, wenn Untreue gleichsam passiert, also gegen den Täterwillen, wenn der Treuebruch einem Paar unvermutet in die Beziehung springt wie ein Reh einem nachts auf einer Landstraße dahin brausenden Wagen? Und wenn es so aussieht, als trüge keiner von beiden die Schuld?

WILLIG WIDER WILLEN?

Wir begeben uns in den hohen (deutschen) Norden. Näheres, beispielsweise abgekürzte Nachnamen, körperliche Merkmale, eine Stadt, will und kann und darf ich nicht nennen. Zu speziell sind die Protagonisten dieses äußerst fordernden Falles, zu speziell die Umstände und ihre Verstrickungen. Schon von Anfang an. Nur so viel, ohne der Indiskretion zu verfallen: Diesmal wenden Opfer und Täter sich gemeinsam und im Einvernehmen an mich. Weil sie in Wirklichkeit beide Opfer sind.

Oder doch nur sein wollen?

Uwe ist Doktor. Doktor der Forensik und hat, um doch ein wenig präziser zu werden, weil die Forensik ebenso in Sprachwissenschaft, Insektenkunde, Vererbungslehre, Wirtschaft und dergleichen mehr reicht, mit Kriminalfällen und Gerichten zu tun. Mit Toten. Nun jedoch sollen wir, *Die Treuetester*, die sprichwörtliche Leiche im Keller freilegen. Uwe ist ein Endvierziger. Und Uwe hat eine bildschöne, um neun Jahre jüngere Frau. Auch sie ist Akademikerin, betreibt eine gutgehende Praxis für Allgemeinmedizin.

Wir können nur erahnen, was sich in dieser Zeit zwischen dem Ehepaar abgespielt hat, doch zwischen dem Anruf, der mich erreichte, und dem Vorfall, zu dessen Aufklärung ich beitragen sollte, lagen sieben lange Monate.

»Sie müssen mir helfen, Frau Kersten«, sagte Uwe. Er druckste verlegen herum. »Meine Frau hat mit einem anderen Mann geschlafen. Sie hat es mir gleich am nächsten Tag gebeichtet. Ganz von selbst. Ein bedeutend jüngerer Mann als sie, den sie beim Fortgehen mit einer Freundin kennengelernt hat. Jette sagt, sie könne sich nur an das Davor und an das Danach erinnern. Dieser Robin muss ihr K.-O.-Tropfen ins Getränk gemischt haben. Sie habe hinterher auch die typischen Symptome verspürt.«

»Und die Polizei? Was sagt die?«

»Wir haben keine Anzeige erstattet.«

Spätestens jetzt war ich zum ersten Mal platt. Eine *Vergewaltigung*. Um nichts anderes handelte es sich hier und das Opfer und sein Mann gingen nicht zur Polizei?

»Ich weiß«, relativierte Uwe sogleich, »das klingt alles merkwürdig. Aber ich spreche ebenso mit der Stimme meiner Frau.« Tatsächlich hörte ich sie in diesem Augenblick auch schon bestätigende Worte im Hintergrund schnattern. »Wir haben uns etwas überlegt.«

Das war die Sache allerdings: *merkwürdig*. Auch dahingehend, dass ich diesen Fall niemals würde vergessen können. Uwes und Jettes gemeinsam ausgeheckter Plan sah vor, dass eine meiner Testerinnen sich an den Missetäter Robin heranmachen sollte, um zu sehen, ob er abermals die Gelegenheit ergreifen würde, und abermals eine Frau mit ...

Ging's noch? Alptraumhafte Szenarien stiegen in meiner Fantasie hoch. Waren die beiden zu retten? Ich sollte eine Mitarbeiterin einem potentiellen Straftäter in die Arme treiben? Ohne entsprechende Rückversicherung, dachte ich, ginge da ohnedies nichts. Gar nichts. Sprich: Irgendjemand müsste bei einem etwaigen Treffen im Verborgenen dabei sein, um die Testerin zu schützen, ein Freund, ein Detektiv, wer immer, ein Jemand jedenfalls, der imstande sein würde, sofort die Reißleine zu ziehen, würde es brenzlig.

»Wir brauchen einen Beweis, dass meine Frau keine Schuld trifft«, sagte Uwe. Seine Stimme klang jetzt seltsam spröde. Ging es ihm in Wahrheit darum, Beweise gegen seine Frau zu sammeln, bloß dass er sie im gegenteiligen Glauben beließ?

»Ich denke darüber nach und melde mich«, sagte ich. Ich überlegte eine Weile, ob ich mich überhaupt dessen annehmen sollte. Dann befragte ich die Kartei. Tatsächlich fand ich eine junge Kollegin, die nicht bloß in derselben Stadt wie das Paar wohnte, sondern obendrein exakt in das von Uwe beschriebene Beuteschema dieses mysteriösen *Robin* passte.

Ich kontaktierte Katja, setzte ihr die Sache im Detail auseinander. Ohne zu zögern willigte sie ein. Sie sei hart im Nehmen, kenne solche, ähnliche Fälle zur Genüge. Sie habe mal als Sozialarbeiterin gejobbt. Dennoch verständigten wir uns darauf: wenn, dann nur mit der allergrößten Vorsicht. Immer mit Sicherheitsnetz.

»Ich habe eine Testerin«, sagte ich anderntags zu Uwe am Telefon.

»Kann ich sie vorher treffen?«

Nein. Das ging gar nicht. Aus Prinzip. Und überhaupt. Auch Fotos vorab nur in absoluten Ausnahmefällen. Ich tue das nicht aus Jux und Tollerei oder weil ich etwas zu verbergen hätte, sondern aus triftigen Gründen. Viele meiner Testerinnen und Tester kenne ich ohnedies persönlich, weiß um ihre Eigenschaften, die über das körperliche Profil weit hinausreichen. Ich weiß, wer auf welche Art kommunikativ, wer auf welche Art gebildet ist, wer wie spricht und vieles, vieles mehr. Auch bin ich eine Frau und glaube, über Menschenkenntnis zu verfügen. Testerinnen oder Tester versuche ich in eine optisch glaubhafte Relation zur Zielperson zu setzen, um einen Test nicht von vornherein ad absurdum zu führen, was nichts anderes bedeutet, als dass es kilometerweit gegen den wildesten Herbststurm stinken würde, schickte ich einem Rumpelstilzchen eine Fee. Oder einer Ringerin in der obersten Gewichtsklasse einen smarten Jockey mit einem Engelsgesicht wie der junge Brad Pitt. Manche Auftraggeber verlangen genau das und erst, wenn ich ihnen das Problem möglichst drastisch vor Augen führe, erkennen sie ihren Irrtum. Gerade bei einem ersten, zumeist von der Optik beherrschten, Aufeinandertreffen durfte das Verhältnis nicht in die Lächerlichkeit abgleiten.

Hinzu kommt, dass ich nicht fünf, zehn oder zwanzig Fotos zur Auswahl schicken kann. Wie aus einem Katalog.

Die Diskretion rund um meine Tester wäre nicht länger gewahrt. Würden die Fotos publik, würde ich die Mitarbeiter auf alle Tage für einen Undercover-Einsatz *verbrennen*. Hatte ich also nein gesagt zu Uwe? Ja, hatte ich. In Gedanken. Dieser Fall war von der ersten Sekunde weg einzigartig und speziell. Als Uwe nachsetzte, er und Jette würden in ein paar Tagen auf Urlaub fliegen, war mein Widerstand gebrochen. Allerdings erschien mir das Doktoren-Paar nicht minder spooky als die Umstände des Auftrags. Also spielten wir mit nur halb offenem Blatt und Katja trat ihnen gegenüber als *Jasmin* auf.

Im Anschluss an das Treffen flatterten mir eine Menge Einzelheiten ins Haus. Fotos des Vergewaltigers (oder doch heißen Lovers?), Adresse, Angaben zu seinen Lebensumständen. Er betreibe, mehr schlecht als recht, Geschäfte aller Art, vor allem aber einen Handy-Reparatur-Service, lebe in äußerst bescheidenen Verhältnissen am Stadtrand. In der übelsten der üblen Gegenden.

Auch ein detailreicher Angriffsplan erreichte mich, der nach dem Motto geschnitzt schien: Warum einfach, wenn es kompliziert geht? Jasmin solle sich über den besten Freund Robins an ihn heranmachen. Ein gewisser Adrian. Er betreibe ein kleines Küchenstudio mit ebenfalls bescheidenem Geschäftsgang. Sie solle ihn dort aufsuchen, während eines unverbindlichen Beratungsgesprächs an ihrem Handy herumtun und zu rütteln beginnen und drauflosfluchen, dass das scheiß Ding schon wieder spinne. Ob nicht vielleicht er jemanden wüsste ...

Wenigstens Küchen, dachte ich, und kein Eissalon oder Aufstellpools. Obwohl ... der Frühling stand schon mit einem Fuß in der Tür. Wenigstens auf dem Kalender. Küchen dagegen hatten immer Saison. Dennoch hielt ich wenig bis gar nichts von der Kombination aus Küchenplanung und – welch Zufall – Handypanne und, welch noch größerer Zufall, einer Freundschaft des Küchenprofis zu einem Handyprofi.

Nein. Ich schickte einen Gegenvorschlag: Observation der Zielperson an einem bestimmten Tag. Die Testerin solle sich bereithalten und im günstigen Augenblick ein Zufallstreffen vom Zaun brechen. Entsprach sie seinem Typus Frau, würde sie es so geschickt anstellen, dass er anspringe. Andernfalls gäbe es die Möglichkeit, direkt in Kontakt zu treten, ohne den Küchenfreund, vorausgesetzt, wir hätten Robins Telefonnummer.

Uwe wiegelte ab. Nein, nein. Robin sei aufgrund seiner prekären Wohnumstände so gut wie immer auf Achse. Eine Observation würde nicht klappen. Er sei überhaupt in letzter Zeit extrem vorsichtig (*woher wusste Uwe das?*), habe sein *Facebook*-Profil gelöscht, hebe bei unterdrückter Nummer sowieso nicht ab. Und allerlei andere Vorsichtsmaßnahmen noch dazu. Aber dieser Robin, ein im Übrigen schmieriger Kerl vom Typus Staubsaugervertreter, wisse nicht, dass sie wüssten, also er und seine Frau Jette und jetzt auch Jasmin und ich, nämlich von seiner Freundschaft zu diesem Küchenmenschen Adrian. Küchen bräuchten die Menschen immer (da gab ich ihm recht) und passiere es nicht praktisch täglich, immer und überall, dass bei Verkaufsgesprächen Handys nicht mehr funktionierten?

Keine drei Stunden später erhielt ich erneut ein Mail von Uwe, jetzt in unvermutet dringlichem Tonfall:»Frau Kersten, haben Sie schon eine Idee? Ich flehe Sie an, unternehmen Sie schleunigst etwas! Meine Ehe steht auf dem Spiel!! Nach zwölf wundervollen Jahren!!!«

Jetzt auf einmal diese Eile?

»Wollen Sie sich nicht doch an eine Detektei wenden?« Den Finger auf der Sendetaste, musterte ich die Zeilen auf dem Display. Therese, du redest gegen das eigene Geschäft, dachte ich. Ja, aber da ist auch dieses tiefe, ziehende Bauchgefühl, dieses Zwicken. Ich drückte auf Senden und bekam bald bestätigt, dass die Menschen viel zu wenig auf ihren Bauch hörten.

Uwe (er schrieb indes aus der Dominikanischen Republik) bestand auf seiner Variante. Die mit dem Küchenstudio und dem defekten Handy. Das wäre genial. Und: Ob es SOFORT MÖGLICH wäre. Ich wollte unter keinen Umständen wissen, was sich gerade in der Dominikanischen Republik zwischen den beiden abspielte. Mir graute auch so.»Ich brauche drei Tage Vorlauf«, schrieb ich. Ich hatte da nämlich so eine Idee, was das Schmierentheater mit dem Handy anging.

Jasmin machte sich ans Werk. Nein, sagte Adrian, er mache keine Termine mehr in seinem Studio. Nur noch vor Ort. Das habe sich bewährt. Wir glaubten auch den Grund zu kennen: Im Internet tummelten sich üble Bewertungen.

Ein User meinte, der Betreiber würde wohl selbst seit Jahren im Studio wohnen und kochen.

Also mussten wir, in Absprache mit der Karibik, ein Appartement für einen Tag anmieten, mit nach Möglichkeit desolater Küche, um Adrian dort glaubwürdig zu empfangen. Das Küchengespräch kam tatsächlich zustande. Jasmin flötete in Begleitung ihrer Freundin in höchsten Tönen, erklärte, die Wohnung, ein Erbe ihrer verstorbenen Tante, würde ab dem Sommer an Touristen vermietet.

Dann zog sie ihre Show ab. Die ganze Zeit über hatte sie sich (auf eine süße Art) hektisch gegeben und so fischte sie (ebenso hektisch) ihr iPhone aus der Handtasche und ließ es – oh Schreck! – auf den Fliesenboden fallen. Als sie es hochhob, war das Display zersplittert (in Wirklichkeit hatte ich ihr ein zuvor zerdeppertes Altgerät aus eigenen Beständen geschickt).

Ja, und dann hatte sie eine Telefonnummer und eine Adresse. Dorthin, sagte Adrian, könne sie sich getrost wenden. Er habe nur die besten Erfahrungen gemacht. Adrians Vertrauen in die Fähigkeiten seines besten Freundes und Handyprofis Robin waren jedoch begrenzt, denn die Daten waren die eines Türken mit einer kleinen Niederlassung am anderen Ende der Stadt. Oder war Adrian ein ausgekochter Fuchs? Oder, ja, was oder?

»Wir sollten jetzt observieren«, schrieb ich resümierend in die Dominikanische Republik.

»Observation ist eine tolle Idee«, schrieb Uwe noch am selben Tag zurück. »Aber nicht im Fall von Robin. Ausgeschlossen.«

Plan C oder D oder E wurde ausgeheckt. Diesmal, schrieb Uwe (mittlerweile wieder zurück in Deutschland) stamme er von Jette. Das verhieß Großes.

»Sie meint«, präzisierte Uwe, »wir könnten doch die Nummer von der Freundin einer Frau haben, deren Mann einen Bekannten hat, der etwas auf Empfehlung eines Arbeitskollegen bei Robin gekauft hat. Das klingt nur kompliziert. Ist aber in Wahrheit ganz einfach.«

»Müssen wir es denn über die Handyschiene machen?«, antwortete ich. »Wir könnten auf Altbewährtes setzen. Ein klassischer Treuetest mit Zufallsnachricht. Eine, die nicht für den Empfänger bestimmt ist und den Kontakt ins Rollen bring. Da gibt es zahlreiche Varianten. Und wir haben bereits große Erfahrung darin.«

»Auch gut«, kam es zurück. »Machen wir doch alle beide zur selben Zeit! Ungefähr. Die eine am Vormittag. Die andere am Nachmittag.«

»Das könnte Robin überfordern.«

»Wird da ein Foto der Dame ›unabsichtlich‹ mitgeschickt?«

»Erst eine SMS. Dann abwarten. Dann weitersehen. Dann *WhatsApp* und Foto.«

Uwe und Jette erwiesen sich als in allen Belangen unglaublich. Wir sollten es am selben Abend angehen, meinte er. Undenkbar, meinte ich. Jasmin (Katja) hatte weder Prepaid-Nummer noch Zweithandy, und mit dem auf sie angemeldeten Gerät durfte sie den Auftrag keinesfalls ausführen.

Also hinterlegte Uwe ein brandneues Gerät in einer Kneipe. Endlich lag ein gangbarer Plan bereit. Jasmin und ich

237

waren bereit loszuschlagen und diesem Robin auf den Zahn zu fühlen. Ob der Titel der Geschichte nun lautete *Frau Doktor und der Triebtäter* oder doch *Frau Doktor und der Womanizer.* Ehe wir uns versahen, trudelte ein neuer Schlachtplan aus der Kreativwerkstätte Uwe und Jette bei mir ein. »Wir haben intensiv alle Für und Wider gegenübergestellt«, hieß es. Das ließ nichts Gutes erwarten. Die Testerin solle diesen Robin direkt anrufen und sagen: Hallo, spreche ich mit dem Handyservice Erylmaz? Danach könne sie erklären, diese Nummer sei mit einem Filzstift auf ein Prospekt für Induktionsherde geschrieben gewesen, das sie bei dem Beratungsgespräch in der Wohnung ihrer verstorbenen Tante erhalten habe. So komme ein Gespräch in die Gänge und Robin würde womöglich kontern oder wenigstens denken, dass wohl sein Freund Adrian für wen auch immer diese Nummer auf den Prospekt gekritzelt, den Folder dann doch behalten und jetzt irrtümlich an sie, Jasmin, weitergegeben habe. Die Testerin müsse von einem iPhone anrufen und ein Bild von sich mitschicken und selbst wenn Robin misstrauisch würde und bei Adrian nachfrage, würde der ihm bestätigen, dass er bei einer hübschen Kundin in der Wohnung einer toten Tante gewesen sei. Und dass in diesem Fall die Aussichten gutstünden auf eine schöne Frau mit Geld. Dies, schrieb Uwe, sei die Masteridee schlechthin.

Oh mein Gott. Warum keine schlichte, stinknormale Observation? Ganz nach alter Schule. Warum habe ich mir das überhaupt angetan?

»Keine gute Idee«, wandte ich ein. »Adrian hat meiner Testerin zwar die Nummer des Handy-Services auf einen Zettel gekritzelt, sie ihr aber zugleich aufs Handy geschickt mit dem Vermerk, dass sie die Nummer damit für alle Zeiten und Eventualitäten elektronisch habe. Ob nun auf dem alten, reparierten Gerät oder einem neuen mit alter SIM-Card. Das könnte das ganze Projekt gefährden.«

»Dann hat sie die Nummer eben auf dem Weg zum Service verloren.«

Es wurde immer wirrer und irrer. Ein Mehr an Wahnsinn war kaum vorstellbar, doch bekanntlich ist die Wirklichkeit die blühendere Fantasie.

»So viele Zufälle auf einmal gibt es doch gar nicht«, schrieb ich.

Uwe gab sich unbeirrbar (vielleicht aber auch Jette im Hintergrund, wer wusste das schon?). Katja alias Jasmin rief also den Bad Boy Robin direkt am Handy an, sprach ihn mit Adrians Nachnamen an und ließ ihn gar nicht erst zu Wort kommen. Sie habe die Nummer verloren, die er ihr vorhin beim Termin in der Wohnung gegeben habe (ihre Freundin habe ihr inzwischen ein altes Handy geliehen, in das sie ihre SIM-Card verpflanzt habe). Dabei, als zusätzliches Mittel der Verwirrung, nannte sie einen falschen Namen des Handyservices. Sie habe versucht, ihn zu googeln, sei aber auf keinen grünen Zweig gestoßen. Deshalb müsse sie ihn nochmals wegen der Nummer belästigen.

Jasmin sprudelte, wie sie mir später lebhaft schilderte, in einem einzigen, nicht versiegenden Redeschwall vor sich hin, holte kaum Luft. Dann erst, als sie ihre ganze abenteuerliche Story angebracht hatte, gab sie dem vermeintlichen Küchenprofi Raum für eine Antwort.

»Sie müssen sich verwählt haben«, sagte Robin knapp. »Ich bin nicht der, den Sie suchen.«

Oh. Und seinerseits kein Wort davon, dass Adrian, als den sie ihn ja angesprochen hatte, sein Freund wäre. Keine wirklich tolle Basis. Und so grenzte es tatsächlich an ein Wunder, dass hinterher, inmitten des Wirrwarrs an Entwürfen und Verwürfen, doch noch ein Kontakt zum *Sexunhold Robin* zustande kam.

Katja alias Jasmin hatte den Sorry-Joker gezogen. Ein paar Stunden nach dem Anruf bei Robin schickte sie ihm, diesmal via *WhatsApp* (mit einem Bild ihrer selbst, auf dem sie ganz fantastisch aussah), eine Nachricht, worin sie sich für die versehentliche Belästigung entschuldigte. Ganz klassisch also.

Wer ihr zurückschrieb, war allerdings Robins Freund, Küchenprofi Adrian. »Carsten, das ist nicht lustig. Robin und ich zermartern uns den Kopf, wer diese Traumfrau sein könnte. Echt steiler Zahn. Aber so was von Fake. Schönen Abend, du Dösbaddel!«

Adrian und Robin hatten also zwischenzeitlich die Drähte glühen lassen und dachten, ein Dritter im Bunde hätte seine Finger im Spiel. Ein gewisser Carsten, einer ihrer gemeinsamen Bekannten oder Freunde.

»Sehr geehrter Herr ...«, schrieb Jasmin dem tatsächlichen Küchenexperten Adrian zurück, im Tonfall distanziert. »Es ist, wie es ist. Ich habe inzwischen einen anderen Handyprofi gefunden. Danke für Ihre Bemühungen. Alles Gute weiterhin. Mit freundlichen Grüßen.«

»Uuuups«, kam es bald darauf zurück. »Wie peinlich ist das denn!?« Ein Stakkato an teils einsilbigen Nachrichten prasselte auf Jasmin ein. Tenor: Eine Verwechslung. / Könnte sie ihn jetzt bloß im Boden versinken sehen. / Für eine schöne Küche stünde er natürlich weiterhin zur Verfügung. / Für mehr als ein nur unverbindliches Angebot. / Oh nein, wie peinlich. / Wie peinlich. / Vielleicht sogar zuvor ... / ... für ein Abendessen nach Wahl?

Endlich! Endlich! Endlich!

Katja alias Jasmin war im Spiel. Wenngleich mit gehörigen Bauchschmerzen. Auch Robin meldete sich bei ihr. Und sie stand mit allen beiden in Kontakt.

Der Chat mit Robin, ihrem eigentlichen Ziel also, plätscherte mehr an der Oberfläche dahin. Sie erbat sich Tipps fürs Fortgehen, Essengehen. Man schrieb über Jobs, Vor- und Nachteile von Selbständigkeit und dergleichen mehr. Irgendwann fiel auch der Begriff Privatleben. Von da weg gab Robin sich in Fülle und Inhalt seiner Nachrichten auffallend zurückhaltend.

Mit Küchenprofi Adrian dagegen entspann sich parallel dazu ein reger Austausch. Über ihn erhoffte Katja alias Jasmin an nähere Informationen über Robin zu kommen. Rasch wurde Persönliches ausgetauscht. Ein baldiges Treffen anvisiert, das jedoch stressbedingt (von Jasmins Seite) hinausgezögert wurde. Und weiter im Chat.

Ende Januar tauchte Adrian ab. Urlaub auf Mauritius, wie er schrieb. Gemeinsam mit seinem besten Freund Robin. Nach der *Heimkehr* tatsächlich auch ein Treffen zwischen

Adrian und Jasmin. Indes, authentische Urlaubsfotos hatte er keine vorzuweisen. Stattdessen Bilder, die Jasmins Ansicht nach eindeutig von Google stammten.

Und dann, nach mittlerweile wochenlangem Schreiben und allmählichem Näherkommen mit allen beiden, auf einmal: aus und vorbei. Ohne dass es Anzeichen für Misstrauen, für Unstimmigkeiten gegeben hätte, blockierte Robin Jasmin auf allen Kanälen. Natürlich informierte ich meinen Auftraggeber sofort. Uwe zeigte sich gleichermaßen entsetzt wie ratlos.

Ich hatte keinen Beweis, doch für mich lag der Verdacht auf der Hand: Jette pflegte immer noch Kontakt zu Robin, sie musste ihn gewarnt haben. Anders ergab es keinen Sinn. Denn zuvor war Robin drauf und dran gewesen, auf die Traumfrau Jasmin anzuspringen. Wenn auch mit Anlauf und Verzögerung.

Irgendwann erfuhr ich über Uwe auch von den speziellen sexuellen Vorlieben Robins. Dass er Frauen gerne anpinkle. Und auch gerne mal zum Würger würde. Auch solle er über ein beträchtliches Archiv von seinen Frauen verfügen. Fotos. Videos.

Als die Arbeiten an diesem Buch ins Finale gingen, schienen Uwe und Jette die Zielgerade ihres K.-O.-Tropfen-Mysteriums immer noch nicht vor Augen zu haben. Mittlerweile haben sie nun doch einen Detektiv mit ins Boot geholt, der Robin fleißig observieren soll. Und dann, irgendwann vielleicht, soll auch meine Testerin ihm rein zufällig in die Arme laufen. Oder doch eine andere? Oder doch Plan G, H, I oder J?

Wer weiß das schon?

Längst habe ich meine Zweifel, ob es sich hier um Drogen in Form synthetischer Tropfen dreht. Oder nicht doch einfach nur um die Droge Sex. Pur und in höchster Dosierung inhaliert. So wie in meinem nächsten Fall.

DER SÜCHTIGE ADLER

Drehen wir die Uhr nochmals zurück. Nicht weit. Nur vom Frühlingsbeginn ans Ende des Karnevals. Diesmal so rund um den zehnten Februar. An eine Örtlichkeit, nein: Location, wo für eine ganze lange Nacht die Gesetze von Moral, Anstand und Treue für aufgehoben erklärt sind. So jedenfalls sieht manch einer, manch eine das.

Das Leitbild des Abends ist vorgegeben und sonnenklar: Wer ohne Verkleidung erscheint, zahlt doppelten Eintritt (sofern er überhaupt welchen erhält). Die Maskerade ist nach Geschlechtern getrennt, doch perfekt aufeinander abgestimmt. Bordsteinschwalbe bis Callgirl die Mädels. Zuhälter bis Milieugröße die Jungs. Willkommen bei (Eigendefinition) Münchens heißester und bekanntester Mottoparty im P1 Club: LMSJ.

Leichte Mädels – Schwere Jungs.

*

Nach München sollte also die Reise gehen. Anfangs nur für eine Mitarbeiterin. Später auch für mich. Vermutlich gab es keine Veranstaltung in ganz Bayern, wo die Hormone auf engem Raum so geballt so ungezügelt aufeinandertrafen. Und wohl auch keine bessere Gelegenheit für Barbara R., ihren Mann Klaus aufs Prüfgleis rollen zu lassen. Sie habe, schrieb sie mir per Mail, einigen Anlass zu Misstrauen. Sie glaube fest, dass er sie bereits betrogen habe. Beweise für die latente Untreue, die sie seit Jahren hinter der Fassade des braven Vaters dreier Kinder wähnte, habe sie allerdings keine.

Barbara R. hatte sich vorab ausgiebig auf meiner Homepage informiert, und so trat sie auch mit dem konkreten Wunsch eines persönlichen Treuetests an mich heran. Sie hatte auch halbwegs genaue Vorstellungen, was die Testerin anging: Ende zwanzig, brünett, sportliche Figur. Flirterfahren.

Sandra. Mein erster Gedanke. Ihre Feuerprobe. Sie hatte wunderschönes, mahagonibraunes Haar, jadegrün funkelnde Augen, einen Teint mit minimal südländischem Einschlag. Genau, was Barbara R. sich vorgestellt hatte. Erst ein paar Tage zuvor hatte ich Sandra neu in die Kartei aufgenommen, hatte also auch noch frisch in Erinnerung, was sie beim Profil angegeben hatte, bei dieser Vielzahl von Kriterien, die vorab ein passables Bild zeichneten: angefangen von den Basics des Äußeren (Größe, Gewicht et cetera, aber auch Tattoos, Brillen), Angaben, ob jemand rauchte oder nicht, Schulbildung und Studienlehrgänge, Führerschein, Bereitschaft für weiter entfernte Einsätze (gegen Kilometergeld), Flexibilität in puncto Kurzfristigkeit und, und, und. Dazu immer auch mehrere Fotos, aktuelle und etwas ältere.

Als Entlohnung gab es im Schnitt 15 Euro pro Stunde netto, Kostenersatz erfolgte nur bei persönlichen Treffen mit der Zielperson. Am Ende eines Auftrags waren möglichst detaillierte Protokolle anzufertigen. Kurzum: Menschen unterschiedlichster Prägung und Fähigkeiten, unterschiedlichsten Alters und Aussehens sollten es sein. So natürlich wie möglich.

Ja. Sandra passte perfekt. Sie hätte es nicht weit nach München. Und sie rief mich nach meiner *WhatsApp*-Anfrage auch binnen Minuten zurück, sodass ich den Klang ihrer wundervollen Stimme vernehmen, mich von ihrer sympathischen Art überzeugen konnte und obendrein den Eindruck gewann, dass sie bei ihrem Premiereneinsatz mit vollem Engagement bei der Sache sein würde.

Zwischenzeitlich besaß ich auch Fotos von Klaus. Sie hätten ebenso gut einem Katalog für hochpreisige Männermode entnommen sein können, stellten dar, was einem schönen Mann entspricht. Kein Wunder, dass Barbara R. beunruhigt war. Zumal er sowohl im Job als auch bei den Frauen einen Maßanzug zu tragen schien, der Erfolg hieß. Doch das änderte nichts daran, dass er schwer unter Verdacht stand und zuhause drei minderjährige Kinder und eine Frau hatte, die das Recht besaßen, auf ihn setzen zu können. Und dass er seinerseits, weibliche Avancen hin, weibliche Avancen her, jederzeit das Recht besaß, nein zu sagen.

Ausgestattet mit einem heißen Outfit und den Fotos von Klaus nebst Angaben, was er bei der Party tragen würde, zog Sandra in die Schlacht. Am nächsten Morgen hatte ich weit mehr als ein Dutzend Nachrichten. Aus der ersten sprach Verzweiflung pur: Sie würde ihn in diesem heillosen Gewühl aus beinahe echten Pelzen, Lederkrawatten, kiloweise Lippenstift und gewagten Interpretationen von bedecktem Ausschnitt nicht finden können.

Gleich darauf Entwarnung: gesichtet.

Später dann: Der baggert alles an, was mehr als ein Bein und Titten hat.

Wiederum später, viel später, folgten Details: Sie seien an der Bar gelandet. Er habe keinen Zweifel daran gelassen, worauf er aus war. Ein Mädel für eine, für diese Nacht. Und wenn's passte, auch für die eine oder andere Nacht hinterdrein. Einen Ehering am Finger habe sie nicht ausmachen können.

Alles in allem klare Worte. Ich rief Barbara R. an. Erst wimmelte sie mich ab (»Falsch verbunden!«), er war demnach zuhause, stand womöglich neben ihr. Dann, am Nachmittag, beim zweiten Anlauf, fragte ich sie, ob ihr Klaus seinen Ehering niemals trage (was sie entschieden bestritt). Danach schenkte ich ihr reinen Wein ein. Sie brach in Tränen aus, stammelte immer nur dieses so oft gehörte Warum, um sofort nach Entschuldigungen für sein Verhalten zu suchen. Bestimmt habe er gedacht, er könnte den Ring verlieren, habe ihn deshalb abgenommen. Nein, bestimmt sei er schlicht zu betrunken gewesen. Bestimmt ... bestimmt ... Ein Argument ums andere brachte sie vor, um es wie einen blickdichten Schleier vor jenes Fenster zu hängen, hinter dem sich die bittere Wahrheit verbarg.

Doch dann fing sie sich unvermutet. »Machen wir bitte noch einen Test«, sagte sie mit nun wieder steter Stimme. »Ich möchte, dass er mit seiner Eroberung in einem Hotel aufs Zimmer geht.«

»Wieder Sandra?«, fragte ich, wissend, dass das nicht so einfach werden würde. Schließlich hatte sie ihn einfach sitzenlassen und war abgedampft. Wenn er sich daran erinnerte, würde er womöglich Verdacht schöpfen. Oder dank Alternativen kein Interesse zeigen.

»Nein. Können Sie selbst den Test machen?«

Sie habe mein Foto gesehen. Ich wäre geradezu perfekt für ihren Mann, also, für diesen Job. Sie werde sich Einzelheiten überlegen.

Schon am nächsten Morgen rief sie mich abermals an. Klaus habe sich für das nächste Wochenende zum Männerabend verabredet. Diesmal im *Jaded Monkey*. Ich kannte die In-Bar von früheren Besuchen in München, mit seinen grauen Lederbänken, der schwarzen Täfelung, den Kupferbelägen, den kleinen Äffchen auf der Tapete und den Saustall-Lampen über dem Tresen. Nicht mein primärer Geschmack, aber doch ein auf seine Art cooler Schuppen mit famosen Drinks.

Barbara R. wollte es mit eigenen Augen sehen, um zu glauben, was sie nicht glauben konnte. Also lautete der von ihr im Groben gefasste und gemeinsam präzisierte Plan, ich ließe mich von Klaus aufreißen und für eine heiße Nacht im Hotel breitschlagen. Aber erst am nächsten Tag. Sie würde dann, ja, sie würde ihn dann im Zimmer in flagranti ertappen.

Ich fuhr nach München. Um sicherzugehen, dass ich ihn nicht übersah, spielte Barbara R. mir ein Bild zu, das den Mittvierziger Klaus mit jenen Freunden zeigte, mit denen er unterwegs sein würde. Das *Jaded Monkey* war zum Bersten voll, als ich es kurz nach Mitternacht in knallrotem Overall und mit High Heels an den Füßen enterte. Zum Schutz gegen die Kälte hatte ich eine Fake Fur Jacke übergestreift. Ich vermutete ihn an der ausladend imposanten Bar, die Männer seines Schlages (so die Annahme) zum Hochstand erklärten, um (einen Drink lässig zwischen den Fingern jonglierend) auf die Pirsch zu gehen.

Genauso war es. Inmitten seiner Freunde blitzten seine markant stechenden Augen wie die eines Adlers hervor, der im Gleitflug das Land unter sich scannte und es dauerte keine zwei Minuten, da hatten unsere Blicke sich getroffen.

Seine Augenschlitze waren jetzt schmal wie Degenspitzen und sein Schauen auf eine Weise intensiv, dass ich es als unangenehm empfand und die Augen niederschlug. Dann hob ich sie wieder und wie er so dastand und mich verzehrend von oben nach unten und wieder retour taxierte, wie gefangen im Zauber der eigenen Unwiderstehlichkeit, spürte ich ein schallendes Lachen in mir emporkrabbeln. Am liebsten hätte ich losgeprustet. Auch konnte ich dieses Verlangen, seiner Eigenliebe etwas entgegenzusetzen, nicht restlos abwürgen, doch gelang es mir, das in ein Lächeln abzumildern. Keine fünf Minuten später stand er mit zwei Gläsern in der Hand an meiner Seite.

»Was gibt es da zu lachen?«

»Dein Blick«, sagte ich.

»Was ist damit?«

»Er sagt alles über dich aus.«

»Tut er das?«

Ich nickte stumm.

»Was verrät er denn?«

Ich zögerte einen Moment. Dann, wissend, dass Offenbarungen oftmals über vermeintliche Gemeinsamkeiten zu erreichen waren: »Dass wir beide dasselbe suchen.«

»Was suchen wir denn ... alle beide?«

Mir fiel auf, dass er seinen Ring abermals nicht trug. Er tat es also aus purer Berechnung. Ich würde ihm Antwort geben, sagte ich, aber nur unter der Bedingung, dass er mir drei Fragen beantwortete. Für einen Augenblick fühlte ich mich wie in *Drei Haselnüsse für Aschenbrödel*, wo Aschenbrödel, verkleidet als Jäger im Wald, dem Prinzen ebenfalls drei Fragen stellt und einiges zu lösen aufgibt. Bloß, dass er kein Prinz war, nach dessen Gunst es zu streben lohnte, und meine Fragen auch bedeutend einfacher waren. Müsste auch er tagelang darüber grübeln, wäre ohnedies alles verloren. Die drei lösbaren Fragen also:

»Name?«

»Alter?«

»Verheiratet?«

»Und?«, fragte er, als ich meine Antworten hatte. »Was suchst du?«

»Einen Mann, der Klaus heißt, 45 Jahre alt und verheiratet ist.« Verschmitzt lächelte ich ihn an. »Und der seinen Ehering in der Hosentasche trägt.«

Klaus lachte. »Links oder rechts?« Ich könne gerne nachsehen. Unvermutet rückte er dicht an mich heran. »In aller Öffentlichkeit in der Hosentasche wildfremder Männer wühlen, nein, nein, das geht gar nicht«, wandte ich ein. »Ich bin vergeben wie du. Außerdem, solche Suchspiele darf man ausnahmslos privat machen. Allein.«

Es war längst alles gesagt. Nur diese eine, noch ungestellte Frage mit der Energie eines Blitzschlags stand für den Bruchteil einer Sekunde im Raum.

Zu dir oder zu mir?

Er wehrte ab mit dem Hinweis auf Frau und Kinder. Ich wehrte ab mit dem Hinweis auf meinen eifersüchtigen Partner, mit dem ich unter einem Dach lebte.

»Wir vertagen auf morgen«, sagte ich. »Auf einen Drink. Wenn wir immer noch Gefallen aneinander finden, dann findet sich eine Lösung.«

»Warum nicht jetzt?« Klaus leckte Eimer voller Blut, drängte. »Wir könnten in ein Hotel gehen. Ich kenne da ein ...«

»Viel zu leichte Beute«, sagte ich kühl. »Wen interessiert das schon? Mich jedenfalls nicht.«

»Gib mir dein Handy!« Ich tippte ihm meine Nummer aufs Display, dazu den Namen Anna. »Ich muss jetzt wieder«, säuselte ich. »Ich werde erwartet.«

Klaus fasste mich am Handgelenk, zog mich fest an sich. »Ich MUSS dich morgen sehen. MUSS. Hörst du?«

»Mal sehen ...« Ein letztes Lächeln für Klaus, ein Zwinkern mit dem linken Auge. Weg war ich aus dem *Jaded Monkey*.

Auf dem Rückweg ins Hotel, noch im Taxi, vibrierte mein Telefon mehrmals. Wie auf Dauerfeuer gestellt, schlugen seine Pfeile des Begehrens ein. Eines war längst klar. Dieser Klaus war ein Gelegenheitstäter der besonderen Art. Einer, der es bei jeder Gelegenheit tat, der seine Chance suchte und gnadenlos ausnutzte. Ein Serientäter übelsten Zuschnitts.

*

In Serie blinkten dann auch am nächsten Morgen die Botschaften auf meinem Handy auf. Seine Botschaften. Ein einziges in Buchstaben gegossenes Schmachten und Betteln. Die eine wesentliche Message bestätigte ich:

»Okay. 20 Uhr. Hotel Maritim. Ludwigsvorstadt.«

Ehe Klaus es tun konnte, tat ich es, reservierte ein halbwegs preiswertes Zimmer im Maritim und schickte ihm in der Sekunde die Bestätigung via sms. »Spielzimmer ist gebucht.« Dieses Vorgehen barg mehrere Vorteile. Zum einen musste er annehmen, auch ich könnte unser Schäferstündchen kaum erwarten, zum anderen würde er mir nicht dazwischenfunken bei dem, was Barbara R. und ich ausbaldowert hatten.

Sie solle sich gegen halb neun auf den Weg machen, die zweite Zimmerkarte, die ich an der Rezeption für sie hinterlegen würde, in Empfang nehmen und auf mein Zeichen warten. Ich selbst verbrachte einen entspannten Tag in München, warf mich am frühen Abend in Schale (Seidenbluse, enge schwarze Hose, die High Heels vom Vorabend, das Haar offen). Als ich im Maritim eintraf, wartete Monsieur bereits an der Bar.

Er sah in der Tat umwerfend aus. Noch umwerfender war allerdings der Blick in die Seele dieses Mannes. Rasch waren wir beim Thema.

»Nun«, sagte ich mit einem schelmischen Grinsen. »Wie ist das mit dir und den Frauen? Oder nein, mit dir und *deiner* Frau?«

»Mein Gott«, seufzte er gespielt. »Die Liebe, ein einziges Kommen und Gehen.«

Oh ja, dachte ich. Bei Typen wie dir ist es wohl ein Lebensmotto, wenn du ihn irgendwo reinsteckst. Früh kommen und dann rasch wieder gehen.

Sechzehn Jahre seien eben eine zu lange Zeit, sagte er.

Fünf Jahre auch, sagte ich, skizzierte mit wenigen Worten die Fadesse, die in meine Beziehung eingezogen sei, und auch, dass ich das nicht zum ersten Mal tat.

»Ich weiß nicht, mit wie viel Frauen ich meine schon beschissen hab«, sagte er. »Irgendwann habe ich zu zählen aufgehört. Aber spielt das denn eine Rolle?«

Ein dicker Kloß verlegte mir spontan die Kehle. Dennoch hielt ich an mich, schüttelte den Kopf, machte gute Miene zum bitterbösen Spiel dieses Mannes, der mir gegenübersaß und jetzt seine Beine einen Spaltbreit auseinandertat, als hätte er bereits ein Zelt in der Hose aufgeschlagen.

»Ich kann nicht anders«, setzte Klaus mit der allergrößten Selbstverständlichkeit nach. »Ich liebe meine Frau über alles. Und meine Kinder. Aber ebenso liebe ich das Abenteuer. Ich liebe es, den Körper einer Frau zu erforschen. Es ist wie ...«

Ja, genau danach hörte es sich an. Eine Sucht. Ein krankhaftes Verlangen nach Sex mit fremden Frauen. Doch egal, wie weit er mit seiner Sexgier tatsächlich im roten Bereich einer klinischen Diagnose lag, es machte sein Verhalten um nichts entschuldbarer. Längst hatte Klaus begonnen, mich zutiefst anzuwidern, doch ich musste noch ein Weilchen durchhalten.

»Hat deine Frau dich schon mal, ich meine, hat sie dich schon mal erwischt?«

»Ach, wo.« Hatte zuvor, als er seine Sucht beschrieb, ohne das Wort selbst über die Lippen zu bringen, noch ein Funken Unsicherheit wegen seines Tuns mitgeschwungen, so war Klaus jetzt wieder ganz der Macho, als der er sich begriff. Ein Ritter der Männlichkeit, dem eine Frau sich nicht widersetzen konnte.

Es war bereits nach neun. Wir brachen auf, schlenderten in loser Umarmung zum Lift, fuhren hoch ins Zimmer. In einem unbeobachteten Augenblick schickte ich Barbara R. eine SMS.

Okay.

Kaum oben angekommen, wollte Klaus mir an die Wäsche.

»Du gehst jetzt schön brav duschen, mein Prinz«, flötete ich.

»Aber ich habe doch zuhau-«

»Verstehst du denn nicht? Du gehst jetzt, weil es durchaus sein könnte, dass ich auch ... für ein Spielchen und so?«

Klaus' Welt war wieder ins Lot gerückt. Er zögerte nicht, sprang aus Jeans und Hemd und schlüpfte ins Bad. Keine Sekunde zu früh, denn im nächsten Moment ging die Zimmertür auf und Barbara R. trat ein. Ich nickte nur mit dem Kopf in Richtung Bad, schnappte meine Sachen und verschwand. Für einen Moment schoss mir das Bild eines Toreros durch den Kopf.

Klaus, wie er als Torero aus der Dusche tritt, sein Handtuch mit der einen Hand wild schwenkend, in der anderen die *Espada*, jenen Degen also, mit dem Stierkämpfer ihrer Beute den Todesstoß versetzen, und mit Ausfallschritten auf mich zuhaltend. Nein, sagte ich mir, schüttelte den Gedanken fort. Nicht dieses Bild. Es ist viel zu traurig, um lustig zu sein.

Noch in derselben Nacht rief Barbara R. mich an. »Sie werden es nicht glauben«, sagte sie mit Grabesstimme, »aber als er halb nackt aus der Dusche kam und mich sah, wollte er mir immer noch weismachen, dass doch nichts passiert wäre.« Ihre Stimme wurde mit jedem Wort kühler und kühler. Keine einzige Träne entrang sich ihr. Sie stand schwer unter Schock.

Am nächsten Morgen, zeitig in der Früh, packte ich meine Sachen und fuhr zurück nach Wien. Dorthin, wo der Ausgangspunkt einer Geschichte liegen würde, die mich ein weiteres Mal an die Grenzen der Machbarkeit meines Berufes führen sollte. Weil Dinge geschehen würden, die ich in meiner weiteren Laufbahn nicht zu wiederholen gedachte.

Und weil es, neben allem Nervenkitzel, auch mit etwas zu tun hatte, woran es dem Serientäter Klaus R. ganz offenbar gebrach:

Gefühl.

WÄRE ICH EIN MANN, ICH WÄRE …

Mit Detekteien hatte ich bis zu jenem Apriltag vor nunmehr drei Jahren schon das eine oder andere Mal kooperiert. Immer in dem Verhältnis, in dem ich als Auftraggeber (oder Vermittler im Namen meiner Auftraggeber) auftrat. Ich engagierte also Detektive, die die Angelegenheiten meiner Klienten als Unterstützung zur Agenturarbeit vorantreiben sollten.

Nun jedoch kam alles anders. Gerhard und Franz, zwei vormalige Polizisten, die den Dienst quittiert und ein Leben im Zeichen von Paragraphen und Hierarchien gegen eines mit einer gewissen Flexibilität im Einsatz der Mittel eingetauscht hatten, baten mich zu einem Gespräch in ihr Detektivbüro in Wien. Es ginge um *Synergien*, die aus meinem und ihrem Job erwachsen könnten.

Sie kamen rasch auf den Punkt. »Du bist ja ned wirklich schiach«, sagte Franz, als unsere Unterhaltung längst beim Du und auch sonst in leidlich gelöster Atmosphäre angelangt war. Augenblicklich fiel mir Stefan wieder ein (Sie wissen schon, der *fünfte Mann*, mein *Motor Eifersucht*, der auch immer in bester Wiener Schmähmanier mit ein paar lockeren Sprüchen auf den Lippen zu brillieren wusste).

Ich lachte auf. »Angeblich. Habe ich jedenfalls auch schon mal gehört. Und was hat meine Nicht-Hässlichkeit mit euch, also mit uns zu tun?«

»Wir hätten da so eine Sache«, sagte Gerhard kryptisch. »Eine, nun ja, etwas delikate Angelegenheit, wo wir mit unseren Möglichkeiten nicht vorankommen. Da braucht's eine Frau. Eine Frau wie dich. Schön, intelligent und einfallsreich.«

Alle beide waren sie Schmeichler der alten Schule. Mittlerweile wusste ich, dass sie den Schwerpunkt ihrer Arbeit auf Wirtschaftsdelikte verlegt hatten. Da war entschieden mehr zu holen. Und so hatte ich wenigstens eine dumpfe Vorahnung, wohin die Reise gehen könnte.

»Der, um den es sich dreht, war zwei Jahre im Häfen«, sagte nun wieder Franz. »Ein fescher Kerl übrigens. Könnte dir gefallen. Seit fünfzehn Monaten ist er wieder heraußen. Irgendwo bunkert er vermutlich einen Haufen Geld. Millionen, wie unser Auftrag- ... wie wir vermuten. Es könnte auch Immobilien geben, von denen wir nichts wissen. Wir hängen die längste Zeit an ihm dran. Auch mit einem Tracker.«

»Einem Tracker?«

»Na sicher«, sprang Gerhard bei, »an einer seiner Karren. Wir wissen zwar, wohin er fährt. Aber sonst? Stillstand.«

Dieser Thomas U. war Deutscher wie ich, hatte sein Stammdomizil am Starnberger See, wo Reich und Schön zu-

hause waren, und obendrein eines in Tirol. Im noblen Ischgl. Eines dieser Anwesen, meinten sie unisono, wie man sie
aus den Traumhäuser-Büchern kennt. Oben auf dem Berg
gelegen. Mit Gipfelblick Ende nie. Gehalten in diesem Mix
aus Tradition und Moderne. Dazu Designermöbel bis unters
Dach.

Gerhard und Franz wussten so manches über Thomas U.
zu berichten, und doch schien's um vieles zu wenig. Auch
hätten sie versucht, ihn über seine Gewohnheiten zu knacken. Wenn er beispielsweise bei seiner Frau zu Besuch war,
die nahe Linz mit den beiden gemeinsamen Kindern lebte.

»Zu Besuch?«, fragte ich. »Lebt er von seiner Familie
getrennt?«

Franz zuckte mit den Schultern. »Nicht unbedingt. Ist
halt so. Aber sie sind immer noch ein Paar.«

Natürlich hätten sie auch versucht, bei Thomas' Gewohnheiten einzuhaken. Sprich: Wenn er auf *Heimatbesuch* war,
zu sehen, ob er irgendwo regelmäßig anzutreffen wäre.
Ein Kaffeehaus. Ein Fitnessclub. Was auch immer. Etwas,
das mit einem Ritual zu tun hatte, und wo ich, Therese, als
Lockvogel bequem andocken könnte.

Nichts.

Sie seien daher auf eine neue Idee verfallen. Ob ich mich
bereithalten könnte. Ich konnte. Wer nun glaubt, ich hätte im Folgenden wie im Film ein dickes Dossier erhalten
mit einem Berg Informationen oder auch nur ein schmales,
kompakt bestücktes Mäppchen, das alles enthielt und sich
nach dem Lesen selbst in Brand steckte oder auflöste oder

von mir vor ihren Augen verspeist werden musste, irrt. So läuft das in echt nicht. Nur eine Handvoll Basics über ihn gab es. Und das auch mehr zwischen Tür und Angel. Was er im Detail verbrochen habe, könne ich in aller Ausführlichkeit im Netz nachlesen. Habe gewaltig Staub aufgewirbelt seinerzeit.

Ein paar Tage später rief Gerhard auch schon an. »Kannst du nach Ischgl fahren?«

»Nach Tirol? Wann?«

»Am besten gestern. Näheres vor Ort. Franz erwartet dich. Im *Zhero*.«

Zhero. Mmmhh. Der Top-Schuppen am Platz sozusagen. Ich raffte zusammen, was ich für drei, vier Tage benötigen würde und fuhr noch in der Nacht los.

Mittlerweile lag auf der Hand, was die Detektive von mir erwarteten. Sie setzten auf den Trumpf der Venusfalle. Ganz klassisch. Darauf, dass ihre Zielperson nicht mehr dieselbe Vorsicht walten ließe wie nach der Entlassung aus dem Gefängnis.

Weil geraume Zeit verstrichen war. Und weil Männer und Vernunft obendrein auf Kriegsfuß zu stehen schienen, ging es um schöne Frauen. Ich sollte mich an ihn heranmachen, auf ihn einlassen, behutsam sein Vertrauen gewinnen. Und dann liefern, was ginge. Was und wie im Detail, stand noch nicht fest, bloß die Devise: Nimm, was du kriegst. Ob es brauchbar ist oder nicht, entscheiden wir. Fix war hingegen, dass der Einsatz, mit Unterbrechungen, über Monate andauern konnte.

Als ich in Ischgl eintraf, war ich grob im Bilde, was der Mittvierziger Thomas U. auf dem Kerbholz hatte. Zweierlei Geschäfte im großen Stil hatten ihn vor Gericht gebracht: Immobilienbetrügereien (entweder verkaufte er über Strohmänner Luftnummern, Baugründe beispielsweise, die es gar nicht gab, oder er verkaufte sie zu weit überhöhten Preisen, oder er bestach Amtsträger, um an Infos über Bauvorhaben zu kommen, die Grundstücke in absehbarer Zeit in ihrem Wert enorm steigen oder auch fallen ließen und zog daraus seinen Profit). Davon war allerdings, konnte ich den Berichten im Internet Glauben schenken, nicht allzu viel an ihm hängen geblieben. Bedeutend mehr Geld gescheffelt habe er mit Steuerdelikten. Betrügerische Rückerstattungen vom Staat, die einem nicht zustanden und die er im Auftrag von meist ausländischen Investoren erwirkte. So genannte Cum-Cum-Geschäfte.

Das Gesamtpaket seiner Umtriebe brachte ihn für zwei Jahre hinter Gitter. Ein schlagender Beweis mehr, wie mir schien, für die eigentümliche Bewertung von Verbrechen im deutschen oder österreichischen Rechtssystem, wo Taten gegen Leib und Leben im Vergleich zu Delikten, in denen es *bloß um Geld* ging, unverhältnismäßig milde beurteilt wurden. Gegen zwei mutmaßliche Komplizen, war auch zu lesen, hätten die Beweise hingegen nicht ausgereicht. Sie würden, so die Informationen der Detektive, mittlerweile in der Karibik abstrusen *Sinnfindungsdingen* nachhängen. Ob als Geschäftsmodell oder privat, wüssten sie nicht.

Franz hatte im *Zhero* in einer riesigen Suite die Kommandozentrale eingerichtet. Kosten schienen seinen Auftraggebern, über die er und Gerhard sich bis zuletzt bedeckt hielten, nichts zu bedeuten. Abzulesen mitunter an den fetten Spesen, die später gelegentlich anfallen würden. Es musste also tatsächlich um viel Geld gehen, das gewisse, im Dunkeln verweilende Leute um jeden Preis wiederhaben wollten.

»Er residiert für ein paar Tage hier im Hotel«, begrüßte mich Franz. Ich war einigermaßen verwirrt. »Hast du nicht gesagt, er hätte in Ischgl ein eigenes Haus?«

»Hat er auch«, grinste Franz. »Aber zurzeit nicht. Wasserschaden.« Ich wusste nicht, ob er etwas damit zu tun hatte, fragte aber auch nicht weiter nach. »Sein Wagen steht auf dem Parkplatz«, fuhr er fort. »In seinem Zimmer ist er nicht. Ich gehe ihn suchen. Ich vermute mal im Spa?«

Zehn Minuten später kehrte er zurück, nickte wortlos in Richtung meines Koffers und mimte mit den Fingern das Anlegen eines Bikini-Oberteils.

Ich zog mich um, trottete los. Augenblicklich nahm mich der zwanzig Meter lange Pool gefangen. Bestimmt einer der größten weit und breit. Dann hatte ich ihn auch schon erspäht. Er saß etwas abseits vom Wasser, hantierte fiebrig am Laptop und machte nicht den Eindruck, als wäre er tatsächlich gekommen, um zu wellnessen.

Franz' Plan (typisch Mann) sah sinngemäß vor, ich würde popowackelnd so lange an ihm vorbei stolzieren, bis ihn der Anblick meiner Backen halb besinnungslos werden ließ und er nicht anders konnte, als mir hechelnd hinterdrein zu hetzen. Etwas nach diesem Muster jedenfalls, weil Männer doch genau darauf abführen.

Ich drehte zwei Runden und fuhr, einigermaßen aufgelöst, wieder hoch in unsere Etage.

»Ich kann das nicht«, sagte ich. »Spa ist ein intimer Bereich. Da kommt das viel zu plump daher. Viel zu nuttenmäßig.«

»Hosenscheißer«, knurrte Franz. »Trink ein, zwei Glaserl Wein, dann wird das schon.«

Also gut. Zwei Gläser Wein im Schnelldurchlauf, zurück ins Spa. Vorbei stolziert. Ins Wasser. Raus. Vorbei stolziert. Entnervt fand ich mich abermals in der Suite ein.

»Ich mache es jetzt auf meine Tour«, sagte ich. Franz sah mich aus großen Augen an, zuckte aber nur mit den Achseln. Fünf Minuten später war ich in Sportkleidung unterwegs.

»Entschuldigung«, sagte ich wenig später, als ich *beiläufig* an Thomas U. vorbeikam.

»Ja?«

»Ich sehe, du bist allein. Ich bin allein. Wollen wir vielleicht später einen Drink an der Bar nehmen? Sagen wir nach dem Abendessen? Um neun?«

Thomas' Augen weiteten sich, dann ein Lächeln. Der erste Schritt war getan. Er sei jedoch mit einem Freund hier. Der würde ebenfalls dabei sein. Kein Problem? Kein Problem. Später, als ich auf dem Ergometer saß, kam er nun seinerseits auf mich zu, meinte: Nur, dass hier kein Missverständnis entstünde, er sei tatsächlich mit einem Freund hier.

»Natürlich«, sagte ich betont cool und spürte mein Herz zugleich wild rasen, »ich will ja auch keinen Aufriss. Ich will bloß meinen Schlummertrunk nicht allein nehmen.« Sein Blick sagte mir: Der Punkt ging an mich. Aus dem einen Drink wurde ein zweiter. Ein dritter. Danach zogen wir weiter in einen Club. Gegen halb drei in der Früh, als wir zurück zum *Zhero* schlenderten, wurden wir Zeugen, wie drei Männer auf einen Betrunkenen und auch sonst sichtbar Schwächeren losgingen, ihn mit den Fäusten traktierten. Instinktiv, ohne groß nachzudenken, lief ich in ihre Richtung, schrie zugleich aus Leibeskräften nach Hilfe, nach der Polizei. Tatsächlich ließen sie ab, zogen murrend und grölend weiter, vielleicht, weil sie sich ohnedies abreagiert und erreicht hatten, was sie wollten, vielleicht aber auch, weil sie Thomas und seinen Freund in meinem Schlepptau ausmachten.

Thomas jedenfalls zeigte sich schwer beeindruckt. Ich wiegelte ab. Doch es hätte dieses Vorfalls nicht bedurft, um ihn für mich einzunehmen. Längst hatte, wenngleich verhalten, eine erste Annäherung stattgefunden. Eine seltsame Nähe war von Anfang an greifbar gewesen. Und als wir schließlich, jetzt nur noch zu zweit, vorm *Zhero* ankamen, wusste ich auch bereits von seinem Haus hier in Ischgl. Eine Spur dieses seltsamen Männerstolzes hatte auf seinem Gesicht gelegen, als er mir davon erzählte, dieses sanfte Ich-hab-die-Kohle-und-die-Macht-Lächeln, das ich schon so oft gesehen hatte. Andererseits kam er nicht als dieser typische

Widerling daher, wie Männer dieser Preisklasse es immer wieder taten, wenn sie ihre wenigstens finanzielle Potenz bei allen Öffnungen raushängen ließen.

Als ich ihn (noch im Club) auf das Fehlen seines Eheringes ansprach, weil mir der blassere Streifen Haut an seinem Ringfinger aufgefallen war, zog er überrascht die Brauen hoch, meinte, ja, er wäre eigentlich verheiratet. Dieses Eigentlich, in dem immer auch das genaue Gegenteil des Gesagten mitschwang. Eine schwierige Geschichte, meinte er auch, die er mir später einmal als seinen Weg erklären würde, nämlich lieber etwas zum Schein aufrechtzuerhalten als zu wissen, dass seine Kinder ohne Vater aufwachsen müssten. Lieber eine Bruder-Schwester-Beziehung mit seiner Frau führen als eine Trennung. Eine Einstellung, die ich bis zuletzt nicht würde nachvollziehen können.

Nun waren wir aber gerade mal beim Eingang zum *Zhero* angelangt. Bis dahin hatte es schon erste flüchtige, dann absichtsvolle Berührungen gegeben, als er sagte, er würde nur schweren Herzens in sein Haus zurückkehren.

Er residiert für ein paar Tage hier im Hotel. Das waren Franz' Worte gewesen. Was sollte das?

»Und tagsüber wohnst du also im Hotel?«, sagte ich schnippisch und fordernd zugleich.

»Wenn du arbeiten willst, aber den Lärm der Handwerker nicht erträgst, die einen ziemlichen Wasserschaden beheben, bleibt dir keine andere Wahl«, sagte er.

Du meine Güte. Daher wehte der Wind. Ich hatte ausreichend Gespür für Situationen wie diese, wusste, wenn ich jetzt auch noch provokant cool auftrat, würde das sein Verlangen nur noch mehren. »Na, wie sieht's aus«, sagte ich. »Tauschen wir Nummern? Oder lassen wir es lieber?«

Natürlich hatte ich dann seine Nummer. Und natürlich stand da auch dieses Verlangen in seinem Gesicht, als er sich verabschiedete in der Hoffnung, ich würde ihn zum Gegenteil bewegen.

Ich ließ Thomas ziehen.

Als ich die Suite betrat, rechnete ich bereits mit ersten Nachrichten von ihm. Doch das Telefon blieb stumm. Stattdessen meinte Franz, irgendwo zwischen lässig und schläfrig in einem Fauteuil hängend, es hätte schon seinen Reiz, käme unser Patient jetzt noch vorbei.

»Im Ernst?«

»Aber ja.«

»Und du?«

»Was, und ich? Ich habe ohnehin mein eigenes Zimmer. Sag ihm, du bist mit deinem Bruder hier. Wellnessen für Sohn und Tochter, spendiert vom Herrn Papa.«

»Ich weiß nicht.«

Dennoch schrieb ich Thomas. Ob er nicht doch auf einen Sprung vorbeikommen wolle. Nein, nicht auf diesen Sprung. Und er kam. Ob ich allein hier sei, in dieser großen Suite.

»Nein«, sagte ich. »Mit meinem Bruder. Meinem *großen* Bruder.« Er lachte auf, weil ich es im 007-Tonfall sagte. Sex hatten wir danach keinen. Etwas Petting, mehr nicht. Weiter wollte ich ihn keinesfalls ranlassen. Aus vielerlei Gründen, zutiefst persönlichen, die nichts mit dem Job zu tun hatten. Und auch, weil ich die Fäden in die Hand bekommen hatte und dort zu behalten gedachte. Weil mir fest im Sinn stand, das Tempo vorzugeben. Um jemanden wie diesen Thomas länger an der Angel haben, hatte ich zu Franz gesagt, dürfe er nicht gleich beim ersten Anlauf landen. Weil das die ungeschriebenen Gesetze der Jagd wären, zwischen Mann und Frau.

Tags darauf gab ich wiederum die Reservierte. Ja, nein, weiß nicht. Mal sehen. Wir könnten ja mal telefonieren. Oder so. Bald wusste ich, dass er erst nicht vorgehabt hatte, sich zu melden, noch in der ersten Nacht, als ich ihm schrieb, weil er gewusst habe, wie es enden würde, doch dann nicht anders gekonnt habe, weil er unbedingt wissen wollte, wie es enden würde.

Bald schon wusste er auch einiges von mir. Dass ich Treuetesterin war. Dass es also gut sein konnte, dass ich im Namen seiner Frau oder Noch-Frau hier wäre (von seinem Bruder-Schwester-Traum wusste ich da ja noch nicht). Dass es aber nicht so war, weil es eine Todsünde meines Berufes darstelle, den Getesteten darüber zu informieren. Das zog. Ich schenkte ihm die volle Kanne Wahrheit ein, was mich betraf, setzte darauf, dass die bedingungslose, fast schon übertriebene Ehrlichkeit Mittel zum Zweck der größten Lüge überhaupt sein konnte. Alles erzählte ich ihm nach und nach. Bis auf dieses klitzekleine Detail rund um meinen Auftrag.

Wir blieben natürlich in Kontakt, sahen uns öfter und öfter. Und so lag Thomas bald schon bei mir auf der Couch.

Stein um Stein seines Lebenspuzzles bekam ich zwischen die Finger. Doch in Wirklichkeit hatte ich nicht viel, wusste zugleich aber, ich musste liefern. Irgendwann einmal, nach Wochen, kamen wir auch auf seine Vergangenheit zu sprechen. Es war in einer Bar in der Wiener City.

»Hast du mich gegoogelt?«

»Warum sollte ich?«, fragte ich, tat einigermaßen entsetzt. »Wozu sollte ich virtuell nach dir suchen? Du bist doch hier.« Thomas lächelte dankbar. Er druckste etwas herum, dann: »Würdest du mich googeln, würdest du Dinge erfahren, die so nicht stimmen.« Und dann legte er los, schilderte, was ich ohnedies wusste, stets jedoch mit dem Vermerk, dass es sich in Wirklichkeit anders verhalten habe, als die Gerichtsakten und Medienberichte angäben. Auch später kamen wir mehrmals auf das Thema zu sprechen (ich musste vorsichtig sein, konnte nicht jedes Mal so platt drauflos fragen), doch er stellte seinen Part immer so dar, als hätte er nicht wirklich Unrechtes getan.

Natürlich gab ich das Dummerchen, als der Steuerbetrug aufs Tapet kam, hoffte, meine völlige, wenngleich gespielte Unbedarftheit würde ihn dazu verleiten, aus der Schule zu plaudern. Auch glaubte ich ab und an diesen Dünkel an ihm zu entdecken, den Männer mit einer ruchlosen Vergangenheit vor sich hertragen wie ein Adelsprädikat. Wobei Thomas keiner von denen war, die ich als letztklassig bezeichnen würde. Er war im Gegenteil ein menschlich feiner Kerl und hatte sich, wenigstens bei seinen Steuerdeals, nicht zugunsten kleiner Sparer bereichert, die ihr Hab und Gut an ihn verloren. Das machte seine kriminellen Umtriebe keinesfalls entschuldbar, doch relativierte sie (ergänzt um seine Persönlichkeit).

Er erzählte, wenngleich wortkarg und stockend, von der Zeit im Gefängnis. Lange Zeit Einzelhaft. Und ich erfuhr mitunter, dass man von Amts wegen seine Gelder eingefroren hatte und die Kosten seines Mandats derart explodiert waren, dass er dem Anwalt (einem Freund) die Finca auf Mallorca überschreiben musste.

Jedes Wort, das wir über *WhatsApp* gewechselt hatten, jedes Gespräch, das ich mit dem Handy heimlich mitgeschnitten hatte, landete ungefiltert und unkommentiert bei Franz und Gerhard in der Detektei. Wie bestellt. Alles in allem jedoch keine sensationellen Erkenntnisse.

Das Dilemma, in dem ich mich zunehmend wiederfand, war ein doppeltes. Die Venusfalle, als die ich auf ihn angesetzt worden war, hatte begonnen, auch nach mir zu schnappen. Business und privat scharf zu trennen, fiel mir immer schwerer. Vor allem, als Thomas sich während unserer Zeit tatsächlich von seiner Frau trennte und auf meine entsetzte Frage, ob ich allein Schuld daran trage, meinte:

»Nein, du warst nur der Katalysator.«

Dies führte mir vor Augen, dass nicht nur er in etwas hineingeschlittert war, das er längst nicht mehr zu kontrollieren vermochte, sondern auch ich mich knöcheltief in eine Geschichte mit Hormoncocktails von enormer Wirkmächtigkeit verstrickt fand und das Leben aller Beteiligten sich schlagartig ändern konnte.

Und die zweite Hälfte meines Dilemmas: Ich hatte immer noch viel zu wenig herausbekommen. Dass er über Geld in größerem Ausmaß verfügen musste, war nicht zu übersehen. Er fuhr mehrere teure (aber nicht übertrieben protzige) Autos, unter ihnen einen Jaguar. Er hatte es auch nicht nötig, seine Villa in Tirol an irgendwelche Reichen zu vermieten (»Nein, das braucht's nicht, Therese.«), und er betrieb nach seiner Haftentlassung Geschäfte, in die ich keinerlei Einblick hatte.

Nur so viel wusste ich: Es war eine Firma, die nicht auf seinen Namen lief und mit Lebensmittelimporten zu tun hatte. Was immer das bedeutete. War er womöglich Mitglied der Olivenöl-Mafia, über die ich mal im Fernsehen eine Reportage gesehen hatte?

Keine Ahnung. Geld war jedenfalls immer ausreichend vorhanden. Uns blieb also nichts als zu tun, was ich manchen meiner Auftraggeber ankreidete, wenn sie ihren Partner mit Gewalt in die Untreue zu treiben gedachten, und es mir gegenüber auch so formulierten: Wir mussten *viel schärfer rangehen.*

»Das kostet aber extra«, sagte ich frech zu Franz und Gerhard. Ich kannte die Antwort ohnedies: kein Problem.

Beim nächsten Mal in Ischgl (diesmal in seinem Haus) entsann ich mich meiner Anfänge mit Stefan. Wo es ging, machte ich mir Thomas' Gewohnheiten zunutze (auch er hatte natürlich welche). Wenn er zu seinen Zeiten in der Dampfsauna war, ging ich an sein Handy (den Code wusste ich. Welcher aufmerksamen Frau würde der entgehen, wenn sie ihrem Geliebten gegenübersaß und der nach dem Telefon griff?). Ich saugte ab, was möglich war. Desgleichen von seinem Laptop. Ich schnüffelte mich durchs ganze Haus, knipste Unterlagen en masse ab, ohne jenen Röntgenblick für das einzig Wesentliche, den man den Geheimagenten im Fernsehen immer verpasste. Einfach klick, klick, und ab damit nach Wien. Sollten die doch sehen, was sie damit anfangen konnten.

Dann kam das Wochenende in Hamburg, wohin wir beide unbedingt wieder mal gewollt hatten. Endlich wieder mal Elbphilharmonie und Speicherstadt. Als wir im *Atlantic Kempinski* ankamen, nahmen Franz und Gerhard uns bereits in Empfang.

Ich sah sofort den Wagen auf der gegenüberliegenden Straßenseite, in dem sie sich versteckt hielten und ihre Bilder von uns Turteltäubchen schossen.

Abends gedachten wir um die Häuser zu ziehen. Wir würden fein essen gehen, dann in einen Club zum Tanzen. Zuvor hatte ich allerdings eine Attacke von Herzrhythmusstörungen zu überstehen.

So jedenfalls empfand ich es. Denn als wir am Nachmittag im Wellnessbereich dümpelten und Thomas in Richtung Sauna verschwand, stand Franz vor mir und wollte an Thomas' Laptop. Ich packte alles zusammen (Laptop, sein Handy), und wir fuhren hoch in die Suite. Dort wartete bereits Gerhard und sie fingen an, alles abzufilmen, worauf sie Zugriff hatten. Mein Herz sprang mit jeder Sekunde höher an die Decke. Er konnte jeden Augenblick zur Tür hereinschneien und dann wäre die Arbeit von Monaten beim Teufel.

Thomas kam nicht. Und so hastete ich zurück zum Spa, log ihm vor (er war natürlich längst zurück aus der Sauna), ich hätte auf die Toilette gemusst, aber lieber die zimmereigene benutzen und seine, unsere Sachen nicht offen liegenlassen wollen. Er schien zufrieden, zeigte nicht ein Fünkchen Argwohn.

Desgleichen am Abend im Club, als ich im Stundenintervall mehrmals auf die Toilette ging, an der Tür von einem der Detektive abgepasst wurde und ihm Thomas' Handy aushändigte, das ich, wie viele andere Frauen auch, in meiner Handtasche aufbewahrte. Ich presste es ihm an die Brust, jedes Mal mit den Worten:

»Du hast fünf Minuten. Keine Sekunde länger!«

Sieben Monate lang zog sich die Überwachung von Thomas U. hin. Ich lieferte und lieferte. Feedback über die Wertigkeit meiner Informationen bekam ich keines. Einmal mehr hielten sich die Auftraggeber im Hintergrund und ihre Sprachrohre Gerhard und Franz sie bedeckt. Doch ich gewann den Eindruck, sie waren zufrieden, und so konnte, musste ich mich allmählich daranmachen, die Beziehung zu Thomas auslaufen zu lassen.

Schweren Herzens.

Eine, wenn nicht die größte der vielen Erkenntnisse, die ich aus dieser Episode zog?

Wäre ich ein Mann, ich wäre auch schwach. Doch die Schwäche weist, wie alles andere, eine Vielzahl von Nuancen auf, eine enorme Bandbreite, die von rührselig bis widerwärtig reicht. Womit wir auch schon beim bislang letzten Abschnitt, dem letzten Wendepunkt meines mit Wendepunkten bestimmt nicht geizenden Lebens angelangt wären.

PARIS

Heute lebe und liebe ich in Paris.

Nicht etwa, weil ich mit der Untreue der Menschen zwischenzeitlich Millionen gescheffelt hätte und in einem noblen Palais am Fluss residiere, sondern weil der bisher letzte Wendepunkt in meinem Leben wieder einmal radikal ausfallen musste.

Es war rund um die Fußball-Europameisterschaft 2016 in Frankreich. Ich hatte Kontakt zu einem Unternehmer, nennen wir ihn Medienmanager, um Jahrzehnte älter als ich und alles andere als mein Typ. Er bot mir an, ich solle Kolumnen oder Blogs verfassen oder kurze TV-Spots drehen und ähnliches bei Unternehmen, für die er beratend tätig sei. Ich sollte meine Erfahrungen als *Treue-Expertin* einbringen (ein Titel, den ich mir keineswegs selbst gegeben, sondern im Laufe der Jahre von den Medien verpasst bekommen habe), und könnte im Gegenzug (zusätzlich zur Bezahlung der redaktionellen Arbeit) den Bekanntheitsgrad meiner Agentur erhöhen. So betrachtet für beide Seiten eine *Win-win-Situation.*

Bevor es zu einem unterschriftsreifen Deal kam, flatterte mir eine Einladung ins Haus. Er wolle mich nach Paris einladen, zum Vorrundenspiel Nordirland gegen Deutschland. Dort wolle er mich auch mit ein paar wichtigen Leuten bekanntmachen. Überrascht, doch dankend nahm ich an. In einem der zehn nobelsten Hotels der Stadt angekommen, traf mich die erste Überraschung wie ein Keulenschlag. Statt eines natürlich (!) eigenen Zimmers gab es nur eine (wenngleich großzügige) Suite für uns beide. Alles andere war heillos ausgebucht. Da müsse seiner Assistentin wohl etwas unterlaufen sein, meinte mein Gastgeber.

Wir einigten uns darauf, dass ich das Zimmer mit dem Doppelbett und er jenes mit einem weiteren Bett beziehen würde. Von nun an folgten die Irritationen fast im Stundentakt. Und sie wurden derber und derber. Vor dem Spiel. Nach dem Spiel (im Prinzenpark übrigens, der Heimstätte von Paris Saint-Germain im sechzehnten Arrondissement der Seine-Metropole). Und sie endeten, um es auf den Punkt zu bringen, damit, dass ich aus der Dusche trat und einen nackten alten Mann vorfand, der sich an seinem besten Stück zu schaffen machte.

Ich schrie auf vor Entsetzen, wollte fliehen, wurde körperlich massiv bedrängt. Später auch bedroht. Er würde mich vernichten, würde Sorge tragen, dass niemand mehr mit mir beruflich zu tun haben wolle, sollte ein einziges Wort davon nach außen dringen. Schlussendlich fand ich mich weinend und am ganzen Körper zitternd in der Lobby des Hotels wieder. Der Concierge nahm sich meiner an, ohne dass er wissen konnte, was tatsächlich mit mir war.

Ich fuhr zum Flughafen und wartete stundenlang auf meinen Heimflug von Paris. Inmitten dieses Sturms an Gefühlen, die mit Demütigung, mit Zorn, mit Abscheu, mit Enttäuschung und vielem mehr zu tun hatten, erhielt ich eine Freundschaftsanfrage auf *Facebook*. Es war der Concierge. Er habe, schrieb er später über Messenger, schon oft Situationen erlebt, wo Menschen völlig aufgelöst das Hotel verließen. Der Umgang damit gehöre zum Job. Er dürfe sich niemals einmischen, müsse Haltung bewahren. Aber in meinem Fall habe ihm eine innere Stimme gesagt, müsse er der Sache nachgehen, müsse er sehen, wie es mir gehe.

Heute ist dieser junge Mann, geboren in Paris, die Eltern algerisch-stämmig, der Vater unserer gemeinsamen Tochter, die vor wenigen Wochen das Licht der Welt erblickt hat. Mein Baby. So wie dieses Buch auch mein Baby ist. Er hat mich an jenem schweren, schmerz- und tränenreichen Tag aufgefangen und seither nicht fallengelassen. Und er ist mit mir durch die Täler gegangen, die sich auftaten. Wie jenes, als mir via Anwalt unterstellt wurde, ich hätte mit einem mysteriösen Einbruch in die Villa meines (sexuell ausgehungerten) Gastgebers zu tun, der genau zu jener Zeit erfolgt sein soll, als wir eineinhalb Tage in Paris verbrachten. Insider-Tipp meinerseits quasi.

Wie absurd.

Die Vorwürfe landeten beim Staatsanwalt, waren dann jedoch vom Tisch. Und mein neuer Verlobter (er ist fast gleich alt wie ich, auch diesbezüglich habe ich mich also weiterentwickelt) stand mir ebenso bei, als meine Strafanzeige gegen den Medienmanager wegen seiner Versuche der sexuellen Nötigung irgendwo im Getriebe der Justiz versandet ist, sprich: eingestellt wurde (was mein Vertrauen in das Spiel von Recht und Gerechtigkeit nicht zwingend erhöht hat).

Die schockierende Erfahrung, die ich in dem Pariser Hotel am eigenen Leib machen musste, hat mich noch mehr für die Schicksale meiner Kunden (und Getesteten) sensibilisiert. Und sie hat belegt, dass es tatsächlich meist die älteren, alten Männer sind, gerade solche mit Geld und Einfluss, die sich in übelste Annahmen versteigen, was ihren Reiz in den Augen einer jungen Frau ausmachen könnte. Und das übelste, abstoßendste Benehmen.

Und darüber hinaus?

Acht Jahre als Treuetesterin prägen. Und läutern. Ins Kleid einer Venusfalle (obwohl es zuletzt wieder Anfragen gab) würde ich nicht noch einmal schlüpfen. Auch für 100.000 Euro nicht. Diese Lektion habe ich gelernt.

Und auch sonst haben mich diese acht Jahre vieles gelehrt. So weiß ich etwa, dass auch in meinem Beruf der messbare Erfolg eine der relativsten Komponenten überhaupt ist. Dass ein schlichtes Ja oder Nein auf die Frage, ob jemand bereit wäre, seinen Partner zu hintergehen, in vielen Fällen viel zu kurz greift. Weil es viele Fragen offenlässt. Und zumeist noch viele mehr aufwirft.

Ich weiß, dass es sich lohnt, für seine Überzeugungen und Ideen zu kämpfen. Dass man die Liebe immer noch dem Wonnemonat Mai zuschreibt, während die Untreue das ganze Jahr Saison hat. Dass es die Untreue immer schon in großem Ausmaß gegeben hat, dass jedoch die Menschen vermehrt bereit sind, sich von außen Hilfe zu holen. Die Zunahme an Anfragen in manchen Monaten von bis zu 600 Prozent spricht eine klare Sprache.

Ich weiß, dass ich mich an keinen Ort gebunden sehe und fühle. Auch nicht an Paris. Ich weiß, dass ich meine Tochter gerne ihre ersten Schritte in thailändischem Sand tun sähe, sie dort in Eigenverantwortung unterrichten und zu einem eigenständigen Menschen heranziehen würde. Ich weiß aber auch, wie schwierig das ist, nicht zuletzt, weil es für mein Geschäft schwierig wäre. Allein schon der Zeitunterschied. Und anderes mehr.

Ich weiß, dass Menschen still leiden, sehen sie ihren Partner der Untreue überführt, und andere sich den Panzer einer Echse zulegen und endlos lange ausharren, um jenen Showdown zu inszenieren, von dem sie sich ihren Seelenfrieden erhoffen.

Ich weiß, dass ich viele Tricks meines Metiers kenne. Nicht alle. Doch von Tag zu Tag werden es mehr. Ich weiß, wie man ganz legal perfekte Bewegungsprofile anderer Menschen durch ihre Handys erstellt, weiß aber auch, dass es ein Fehler war, dies meinem Verlobten zu zeigen, weil der es wiederum einem Freund gezeigt hat, der eine Freundin hat, die nun wider ihr Wissen damit herumläuft.

Auch weiß ich, dass die Männer tendenziell schwach sind. Dass es jedoch einen gibt, für den das nicht gilt, nicht gelten darf, weil der stark sein MUSS. Ich weiß, dass die meisten Frauen (also auch ich) über ein brillantes Erinnerungsvermögen für Details verfügen. Mein Verlobter weiß das natürlich auch. Und er weiß, dass es bestimmt angenehmere Gegnerinnen gibt, für den Fall, dass ... na, Sie wissen schon.

Aber ich weiß auch, dass er mir keinerlei Anlass bietet, meine Fähigkeiten auch an ihm zu erproben. Bis jetzt jedenfalls nicht. ☺

Felix Lill

Einsame Klasse

Die Zukunft gehört uns Singles

Glücklich sein geht nur zu zweit. Ist das wahr oder auch
nur einer von diesen falschen Glaubenssätzen? Als der
Journalist Felix Lill nach Tokio zog und seine Freundin mit
ihm Schluss machte, stellte er fest: Single zu sein steht in
Japan dem Leben zu zweit in nichts nach. Er erzählt, wie
er die Vorstellung von einer Zweierbeziehung als einzi-
gem Weg zum Glück überwand und was danach kam. Mit
gut recherchierten Fakten zeigt er, wie und warum die Zukunft nicht nur in Japan zusehends den Singles gehört.

ISBN 978-3-99001-233-8

272 Seiten, 21,90 Euro

Christian Schwab

Oh mein Gott!

5 Weltreligionene in 5 Monaten: ein Selbstversuch

Wie ist es wirklich, als strenggläubiger Muslim, Jude, Christ, Hindu oder Buddhist durchs Leben zu gehen? Wie fühlt sich das vom Aufstehen bis zum Schlafengehen an? Christian Schwab, bekannt geworden als Mitglied der Kabarettgruppe Comedy Hirten sowie als Prominenten-Parodist und Comedy-Texter für den Ö3-Wecker, hat die fünf Weltreligionen einem gründlichen Praxistest unterzogen. Jeweils einen Monat lang lebte er streng nach den Regeln des Islams, des Judentums, des Christentums, des Hinduismus und des Buddhismus. In seinem lehrreichen und witzigen Buch erzählt er, wie es ihm dabei erging, was die Religionen unterscheidet und was sie gemeinsam haben: Sie nehmen sich alle ein bisschen zu ernst.

ISBN 978-3-99001-231-4

256 Seiten, 21,90 Euro